顔が引き上がる!
目が大きくなる!

若返る
頭さすり

著・市野さおり

Gakken

ほうれい線、たるみ、むくみ、
顔に変化を感じたら、
頭をさすりましょう。
優しく、ソフトにさするほど
顔はキュッ！と引き上がり、
若々しい印象へと変わっていきます。

教えて！
さ~~す~~おり先生

頭さすりで顔が若返るヒミツ

けっこうでーす！
オホホ……
ガッ
だ、だって顔の悩みなら頭より顔のマッサージや化粧品のほうがよさそうだし
ス…
そう…なら聞くけど
顔の悩みの原因とは！
ピロロン
はいっ年を取ること！
む…確かに
それも原因のひとつだけど同じ年齢でも人によって見た目はだいぶ違うでしょ？
同窓会にて
久しぶり～
おお…
顔には体の内側の状態が表れるの
う…
ドロ
たとえば血流やリンパの流れが滞ればくすむ、くまができる
顔の筋肉も硬くなるからたるむ、ほうれい線ができる……
老け見えドミノ!!
たるみ
ほうれい線
ヒィイイイもうやめてえええ

バギャ
つまり顔の悩みを
まるっと
改善するには
体の内側を
整えるのが
近道なのよ!
なるほど
体の内側を!
スタコラサッサー
……整えるには
食生活の改善や
運動ですよね
知ってます
わあああ
そしてムリです
ゴメンなさいー!!
ジタ
バタ
そこで
頭さすり
なのよ!
頭さすりは
頭を優しく
さすることで
頭蓋骨のゆがみを
整える方法なの
頭蓋骨!?
正しい組み合わせ
ちょっとゆがんでる…
頭蓋骨は
複数の骨が
組み合わさって
いるんだけど
私たちの生活は
この骨の
組み合わせを
ゆがませやすいの
頭蓋骨を
ゆがませる
ことなんて
してる…?
いつも
同じ側の肩に
バッグを
提げたり
フフ
ずっと片手で
スマホを
操作したり
そんなことで
ゆがんで
しまうのよ…
やってます
めちゃ
やってます!
すいません

頭蓋骨が ゆがんでいると 中に入っている脳に ストレスを 与えてしまうの
ストレス
何コレ めちゃイヤ〜〜!!
……
脳は体の司令塔!
ストレスを 受けると 全身の機能が 落ちてしまうのよ
どよ
ええ〜っ
……
その通り! そして 頭と顔は直結 しているから
頭さすりは 顔への 美容効果が 高いのよ〜!
な、なら 頭さすりで頭蓋骨の ゆがみを整えれば
脳自体の ストレスがなくなって 体の内側の状態が よくなるってこと!?
健康にも よさそう!
そうなの! 80代の女性の 話なんだけど…

足の動きがよくなくて浴槽もまたげなかった方が
元気!!
足が上がるわー!!
頭さすりで足がラクに上がるようになったこともあったのよ!
めっちゃスゴイじゃないですか!
実はもともと健康目的で開発した方法だったんだけど
アハハ…
サロンのお客様から美容に効く!って声がすごく多くて
それで美容にも効果があることに気づいたのよ
後からの発見ってのが逆にスゴイ!
絶対やってみたい!やり方を教えてくださーい!
OK!
まず、さするのはこの7つの骨の部分よ!
頭頂《とうちょう》骨
側頭《そくとう》骨
前頭《ぜんとう》骨
蝶形《ちょうけい》骨
頬《きょう》骨
後頭《こうとう》骨
上顎《じょうがく》骨

どうしてそこをさするの？
これらの骨があるところが反射区になっているからよ！
反射区
反射区って足もみとかで聞くよね
そうそう！
反射区とは体の特定の器官とつながっていて
そこを刺激すると対応する器官の調子が整うとされる部位です
対応
その反射区にあたるのがこの7つの骨があるところ！
頭をさすることが反射区への刺激になるし頭蓋骨のゆがみを整えることとの相乗効果で美容と健康に◎なの！
体には足以外にもいくつか反射区があるんだけど
耳
手
などなど…
頭にも反射区があることに気がついたの
まさに一挙両得！

スー
ではやってみましょう！
息を吸いながら髪をなでるようにそっとさすって…
フー
息を吐きながらそっと戻す
これを3呼吸続けたら終わり！他も同じよ
えっ終わり!?
……
待って普通もうちょっとグイグイやったり痛気持ちいい感じで押したりしない？これホントに大丈夫なの…!?
これホントに大丈夫なのって思ってる気がするな～
もちろん強く刺激する方法も試してみたわ
でも深呼吸をしながらそっとさするのが一番効果があったの
試行錯誤の結果なのよ
くっ…実績に基づいた説得力がスゴイ！
頭や耳など神経が集中している部位は
優しく刺激するほど美容や健康に効果的なのよ！

たとえば四十肩なんかも
耳たぶをそーっと
さするとラクになるわ
さすさす
左腕はここまでしか上がりません
私、四十肩ですよ
イヤ
さすがに
ムリでしょ…
じゃ、腕上げてみて
ぐっ
!?
ええ
はっ!?
えっ…
本当に!?
えええ
もちろん一時的な効果だけどね!!
※この本の撮影中に
スタッフが実際に
体験したことです
こんな
わずかな力で
変化する
なんて…
頭さすりも
優しいタッチ
だから良いのね!
こりゃ
頭さすり
やるっきゃ
ないよ!!

1週間で変化を実感！
頭さすり体験
BEFORE & AFTER

頭さすりを続けると、顔や体にどんな変化があるの？
1週間、サロンでのケアは一切なし、本書でご紹介している
動画だけを見ながら家で頭さすりを行ったみなさんは、
美容と健康にうれしい変化を実感していました！

Kさん（46歳）

AFTER

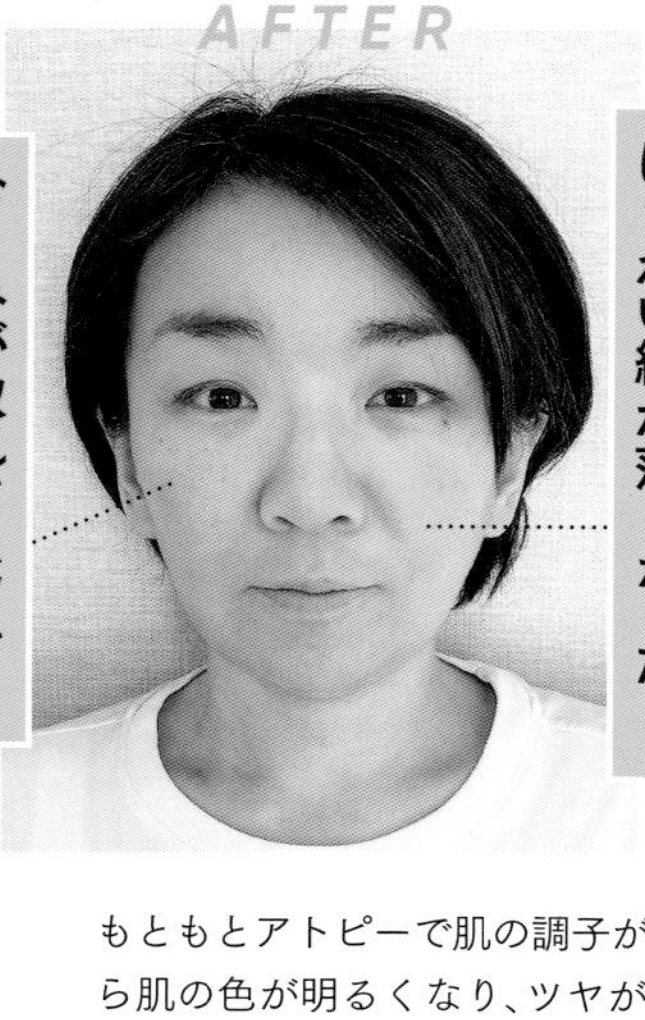
むくみが取れてスッキリ
ほうれい線が薄くなった！

BEFORE

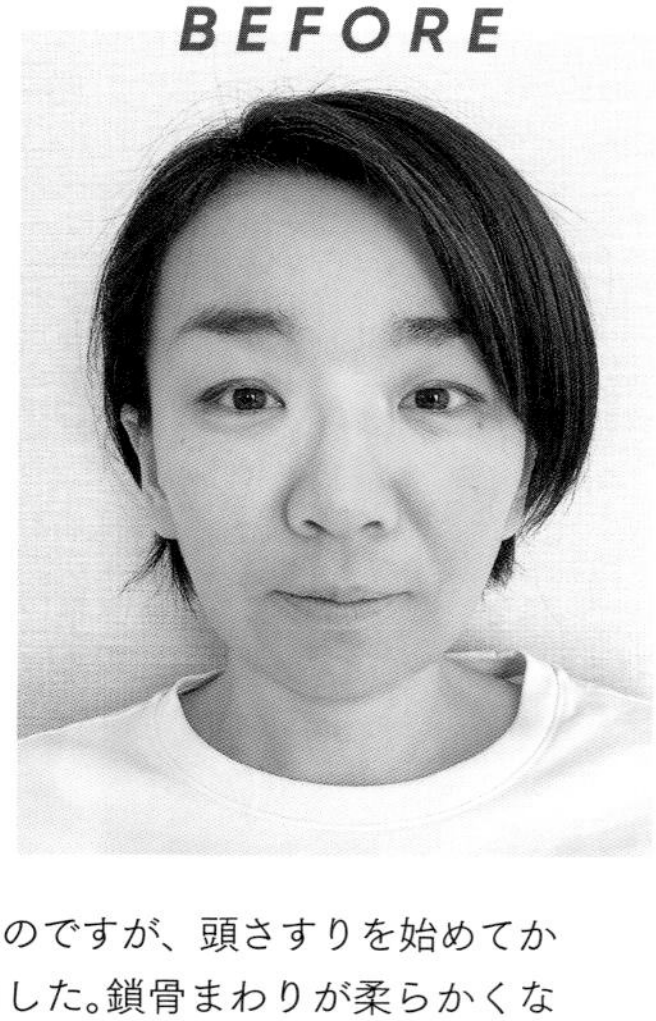

もともとアトピーで肌の調子が不安定なのですが、頭さすりを始めてから肌の色が明るくなり、ツヤが出てきました。鎖骨まわりが柔らかくなり、首コリも改善。これまで痛気持ちいい頭マッサージをすると肩や首がコリがちでしたが、頭さすりはどこも痛くならず、気持ちがいいです！

南中涼子さん（48歳）

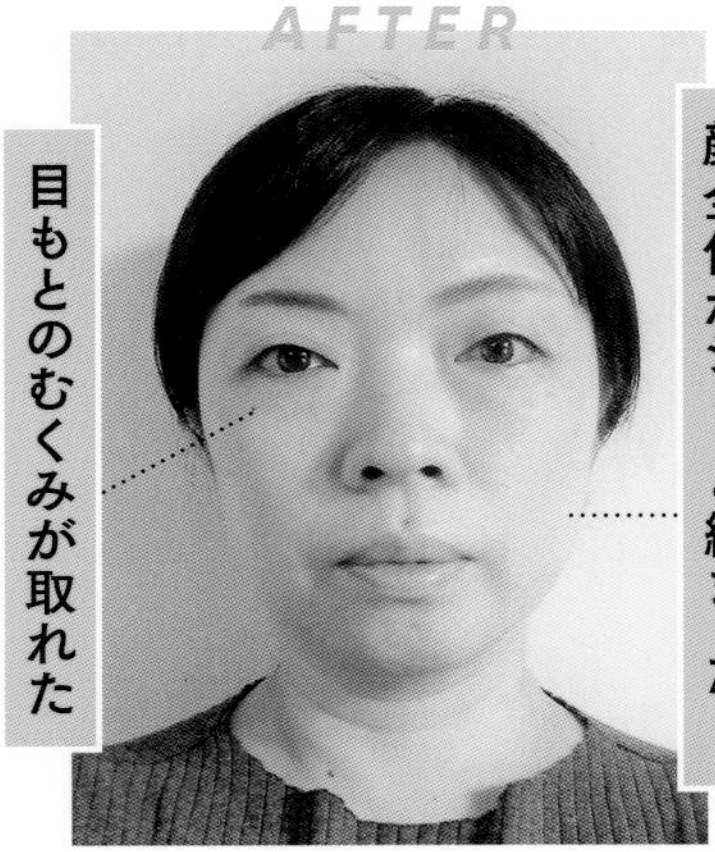
顔全体がシュッと締まった！

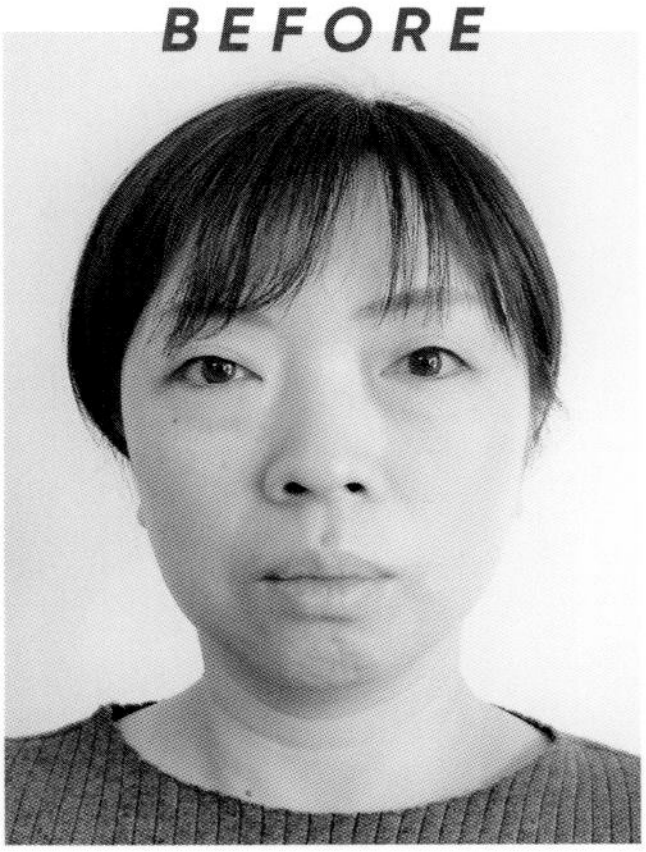

初めて頭さすりをしたとき、側頭部の硬さがゆるんだ感覚がありました。毎日朝晩２回続けるうちに、目の下やまぶたがスッキリしてきて、アイメイクをしなくても大丈夫と思えるように。肌にもツヤとハリが増しました。まわりの人からも「顔がほっそりしたね」と言われます！

Iさん（54歳）

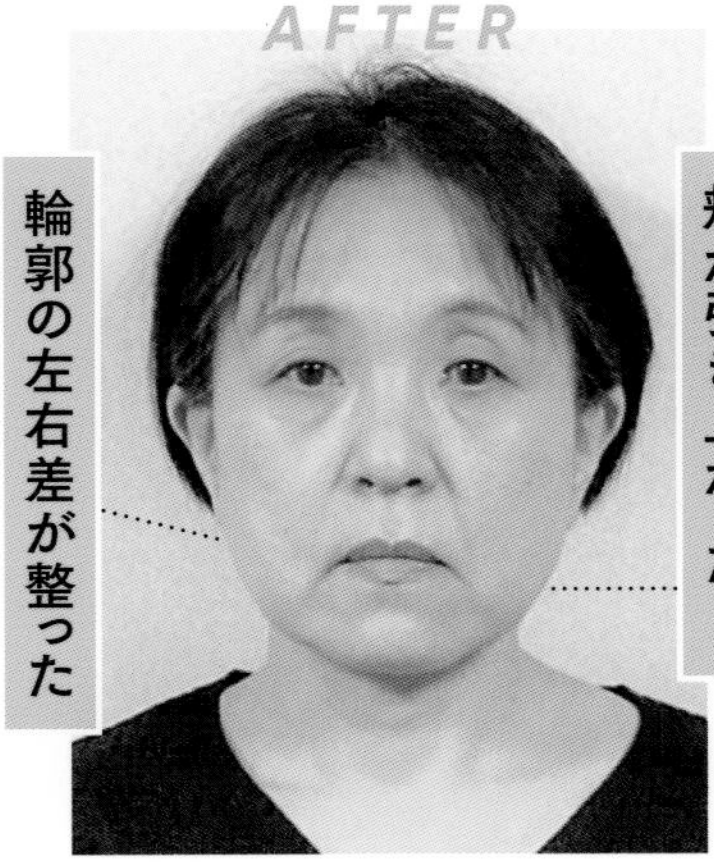
頬が引き上がった！

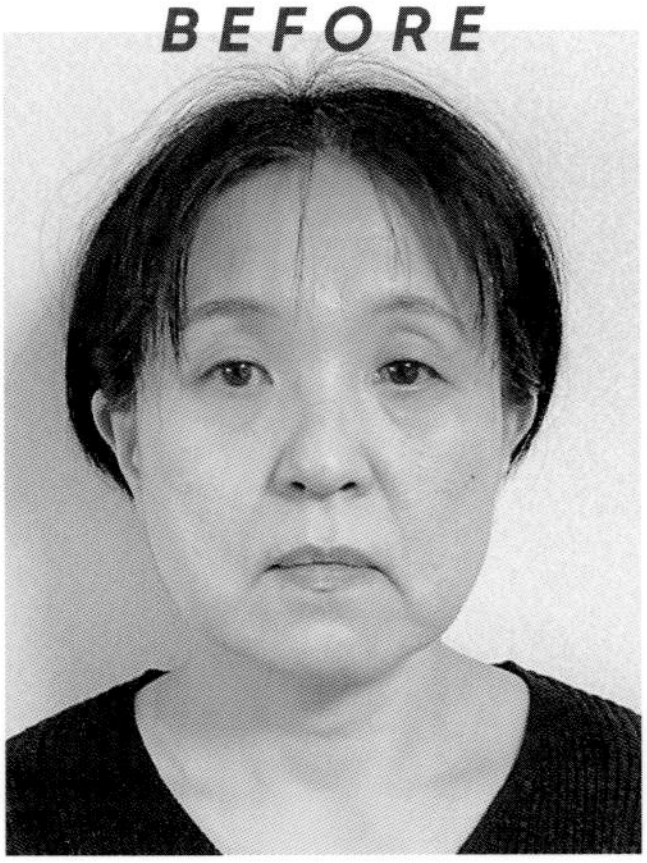

初めて行ったときは頭皮にも触れず、髪の毛に触れているだけなので効果が出るのか不安でした。でも、終わった後に顔色が明るくなったのを実感！　その後も毎日２～３回続けると、ほうれい線が薄くなりました。道具が何も必要なく、思いついたときにすぐできるのがうれしいです。

野末美幸さん（35歳）

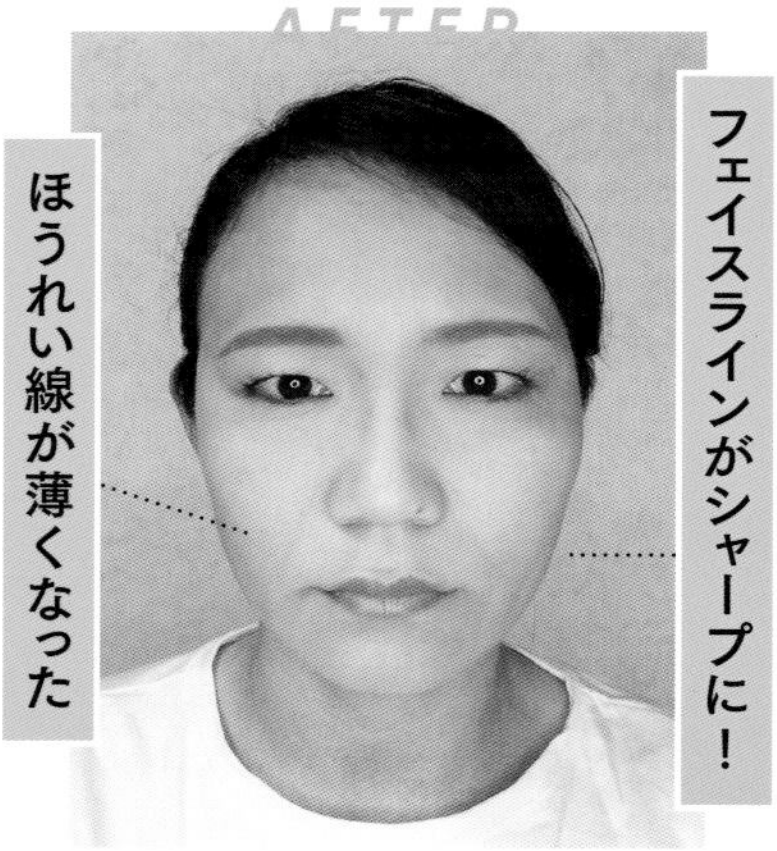
AFTER
ほうれい線が薄くなった
フェイスラインがシャープに！

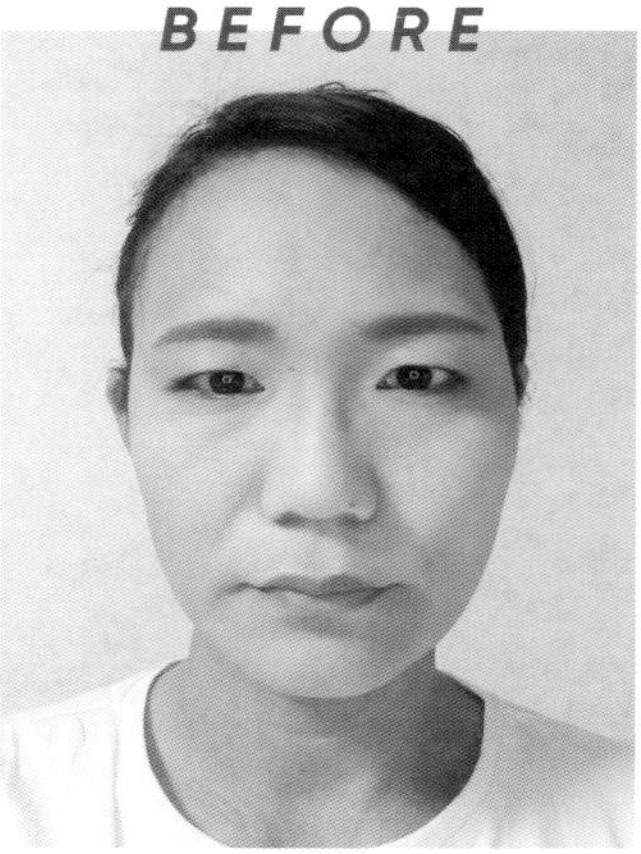
BEFORE

初日に1回行っただけで、ほうれい線が薄くなってびっくり！　その後も続けると、日に日に顔が引き締まっていくのがわかりました。寝不足だったのに、まわりの人から「顔色がよくなったね」と言われるように。頭さすりは頭をなでられるのと同じ感覚で、行うと気持ちも落ち着きます。

竹田悠子さん（53歳）

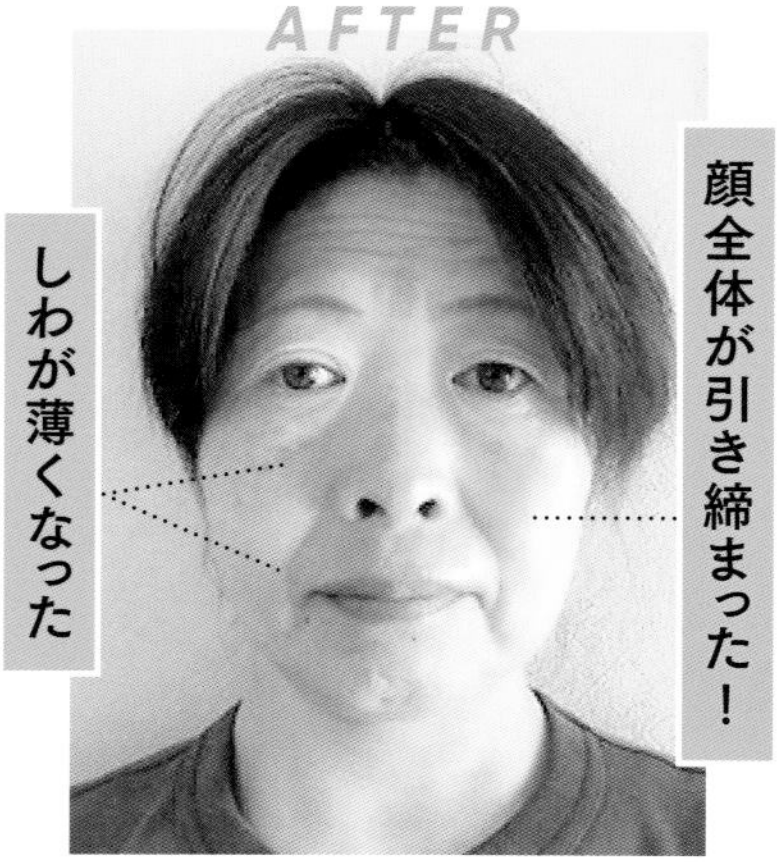
AFTER
しわが薄くなった
顔全体が引き締まった！

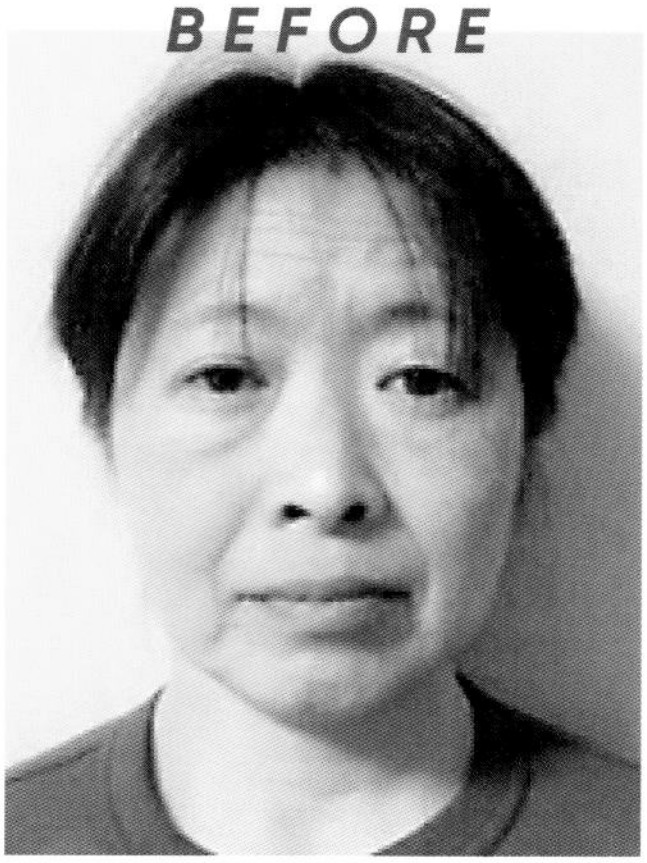
BEFORE

どのくらいソフトにさすればいいのか、迷いながら行っていましたが、いつも心地よさを感じました。首回りのサイズを計測したところ、初日と1週間後では1㎝サイズダウン。美容面の変化は自覚がなかったのですが、初日と最終日の写真を比べると全体的にスッキリしていました！

まだまだある！
1週間で感じた美容効果

抜け毛が減った!

ドライヤーで乾かすときに毛がたくさん
抜けるのが気になっていましたが、
頭さすりを始めてから量が減りました。

福岡いくみさん（41歳）

目のまわりがスッキリして
くすみが改善!

空閑美弥さん（35歳）

血行がよくなって

肌のトーンが
明るくなりました。

顔全体もスッキリ引き締まった!

かずのこさん（51歳）

朝、起きたときのむくみが
頭さすり1回でスッキリ。
メイクするのが
楽しくなりました

M・Iさん（45歳）

目が大きく
なりました。

あごまわりも
スッキリ♡

恵美さん（46歳）

行うたびに
視界が明るくなる!
恵美さん(46歳)

行うと、気持ちが
リラックスできます。
南中涼子さん(48歳)

体もスッキリした!

健康にもうれしい変化が期待できる
体の調子が整ったという声が続々!

寝つきが
よくなりました。
ぐっすり眠れて、目覚ましが鳴る前にスッキリ起きられました。
空閑美弥さん(35歳)

頭痛を感じたときに
頭さすりを行うと
痛みがラクになりました。
かずのこさん(51歳)

背すじが伸びて
姿勢がよくなった!
Nさん(35歳)

肩まわりがスッキリ軽くなり、
「あれ、いつもみたいに
肩がこってない！」と、
肩をもんでくれた夫に驚かれました。
野末美幸さん（35歳）

体が軽く
感じるように！
竹田悠子さん（53歳）

健康も
サポート

頭さすりで

頭さすりは、美容だけではなく、
メソッドです。1週間試して、

これまでは午後になると眠気を感じて
つらかったのですが、頭さすりを行うと
頭がクリアな状態が
続きます！
福岡いくみさん（41歳）

体験時、風邪をひいていたのですが、頭さすりを行うと
鼻の通りやのどが
ラクになりました。
Kさん（46歳）

強くもむより、優しくさすることで血流・筋肉・内臓が整い、顔が若返る！

頭さすりという言葉を聞いて、イメージすることって何ですか？
シャンプーするときのガシガシと泡立てる動作。考えに行き詰まったとき、う〜ん……と頭をかく感覚。よしよし、と頭をなでられた記憶。共通するのは、スッキリするとか、いい気分になる、ということでしょうか。

そのポジティブなイメージ通り、「頭をさする」ことには、実は1回でも体が柔らかくなったり、不調が改善するという健康効果、そして目が大きくなったり、フェイスラインが引き上がって小顔になったり、といった美容効果まで期待できるのです。

その方法は、頭にそっと手を置いて、息を吸う・吐くのタイミングに合わせて、決まった方向に優しく数回さするだけです。

私は、もともと総合病院で看護師をしていたときに、リフレクソロジーなどの代替療法に興味を持ち、勉強を始め、臨床現場で活用していました。今は看護師としての知識や経験を活かしながら、セラピストとしてお客様の身体の悩みに広く向き合っています。

その中で、健康はもちろん、美容に大きく関わっていると実感した部位が、「頭」です。

そもそも、たるみ・くすみ・しわといった美容のお悩みは、何が原因で起こっているのでしょうか？　同じ年齢であってもお悩みは人それぞれで、加齢だけの問題ではないようですし、お手入れの差というと、がんばってやっているのに思ったような成果が出ないという方もいると思います。

美容の悩みには外的要因が大きいものもありますが、やはり、根本には「体の内側の状態」があります。

一人ひとりの生活習慣、行動や動作のクセ、ストレスなどが、脳や内臓の機能、ホルモンバランスなどに影響を与え、血液の質やリンパの流れに変化が出ます。顔にはその状態が如実に表れるのです。

たとえば血液やリンパの循環が滞ると、皮下には老廃物が停滞し、首まわりや顔のむくみ、くま、毛穴の黒ずみ、吹き出ものなどのトラブルが起こってきます。水分や栄養も行き渡りづらくなるので肌のハリや弾力性が失われ、表情筋も硬くなり、たるみます。循環の悪い状態が長く続けば、顔の皮膚と皮下の膜（ファシア）とが癒着を起こし、さらにトラブルは深刻化します。

そのほかにもシミ、小じわ、乾燥、二重あご……体の内側の状態が悪化することによる負の連鎖は、書き出すときりがありません。

この連鎖を断ち切るために、「頭」に、「さする」という手技を行う「頭さすり」は役に立ちます。驚くほどの、極わずかな力で頭蓋骨にアプローチし、美容の悩みを減らしていけるのです。

その理由は2つあり、まず1つは、**頭さすりによって、頭蓋骨のゆがみが整う**と考えられるためです。

頭蓋骨は全部で28個の骨が組み合わさってできていますが、現代人は、この頭蓋骨を非常にゆがませやすい環境にあります。長時間のパソコン使用や動画を見るときに頬杖《ほおづえ》をつく、コロナ禍のマスク生活で口を大きく動かさない、片側に偏った噛みグセなど、バランスの悪い動作によってこれらの骨の組み合わさり方にズレが生じ、全体の構造にわずかなゆがみが生じます。

そのゆがみが、内部にある脳にストレスを与えます。脳は循環をはじめ、体の全機能の司令塔。ストレスを受ければ、司令を受ける体の機能も低下します。

頭に手を当て、驚くほどの極わずかな力でそっとさすることで、この頭蓋骨のゆがみが整います。そして、脳がストレスから解放されることによって機能が整い、美容にも即効性のある効果が期待できるのです。

「頭をさすったくらいで、頭蓋骨のゆがみが整って、美容効果まであるの？」と思われる方も多いかもしれません。むしろ、ゴリゴリもむほうがよいのでは、と多くの方が言われます。実際に、私のサロンで頭さすりのケアを受けた方で「こんな、なでるくらいの強さでいいの？」と不信感をあらわにする方もいらっしゃるほどです。

たしかに、頭というと、脳があって頭蓋骨、筋肉、頭皮、頭髪があるために、「どの層にアプローチしていくことが大切なのか？　どの程度の強さが必要か？」と私自身、かなり試行錯誤したのは本当です。ただ、以前より耳の反射区のケアを通じて、耳や頭のように神経が集中している部位を触る場合は、強い刺激よりも、極々ソフトな刺激でこそ、十分に効果が得られることがわかっていました。

　そこで、頭にそっと手を添え、深呼吸と共に、頭蓋骨の開閉（頭蓋骨は骨どうしの継ぎ目が、息を吸うとわずかに開き、吐くと閉じるという考えがあります）を誘導するように、極優しく頭さすりを行ってみたところ、お客様たちから続々と「目が大きくなった！」「顔が小さくなったと夫に言われた！」「首が1㎝以上細くなった！」とさまざまな美容効果を実感する声が上がるようになったのです。同時に「今までとりきれなかった肩コリが芯からスッキリした！」「視野が広く感じる！」と、不調改善効果も聞かれました。

　サロンでのケアだけではなく、セルフケアとして続けていただいた方々からも、同様の声が上がってくるのです。逆に、強い圧で頭をつかむように動かし、呼吸も合わせないという状態では、まったく効果は出ませんでした。

　頭さすりが効果的なもう1つの理由が、頭の「反射区」への刺激です。

　反射区というと、足もみという印象が強いかもしれません。足には全身の器官と対応する部位が集まっており、そこを刺激することで対応する器官の機能が高まり、体調が整うというものです。反射区は、ほかにも手、耳、顔と全身の末端にあたる器官にあるとされます。それなら、頭にも反射区のようなものがあるのでは？　と考えたのが、私が頭に注目したきっかけでした。

研究を重ねていくうちに、頭の中でも脳の前後左右に位置する7つの骨が「反射区」のようになっており、そこを刺激することで、特定の臓器・筋肉の状態がよくなることがわかってきました。顔にはそれらの状態が表れますから、顔の美容の悩みも改善するのです。

この、反射区となっている7つの骨を対象に頭さすりを行うことと、頭蓋骨のゆがみを整えることとの相乗効果で、高い効果があるとわかりました。

物足りないようなタッチともいわれる、頭さすり。材料も場所も力も要りません。気をつけることは優しく、正しい方向に！　そして深呼吸を一緒に行うことだけを守り、日々の習慣にしていただければ、効果は絶大です。

市野さおり

頭さすりで顔が上がる！目《め》力《ぢから》が出る！

「頭さすり」は、頭にそっと手を当て、呼吸しながら優しくさする方法。頭蓋骨のゆがみを整え、頭の反射区を刺激することで内臓や筋肉を活性化し、血流やリンパの流れを促して「たるみが引き上がって小顔になる！」「目がパッチリ開く！」といった美容効果、そして健康効果が期待できるメソッドです。

さするターゲットになるのは、脳の前後左右にある骨。後頭《こうとう》骨・頭頂《とうちょう》骨・前頭《ぜんとう》骨・上顎《じょうがく》骨・頬《きょう》骨・側頭《そくとう》骨・蝶形《ちょうけい》骨の7つです。

後頭骨はほうれい線と関連が深いなど、各々の骨に対応する顔や体の悩みはありますが、各骨は関連し合っているため、すべての骨をさすって整えるのがベスト。すべて行ってもたった3分なので、忙しくても大丈夫！

頭さすりで顔が若返るしくみ

顔が若返る! <<< 内臓の機能が高まり、巡りを促進 <<< 頭蓋骨のゆがみ改善＋反射区を刺激

頭を優しくさする刺激で、反射区を刺激すると同時に、頭蓋骨のゆがみが整って脳のストレスがOFFに。内臓の機能が高まり、巡りが促され、体の内側から美容の悩みが改善！

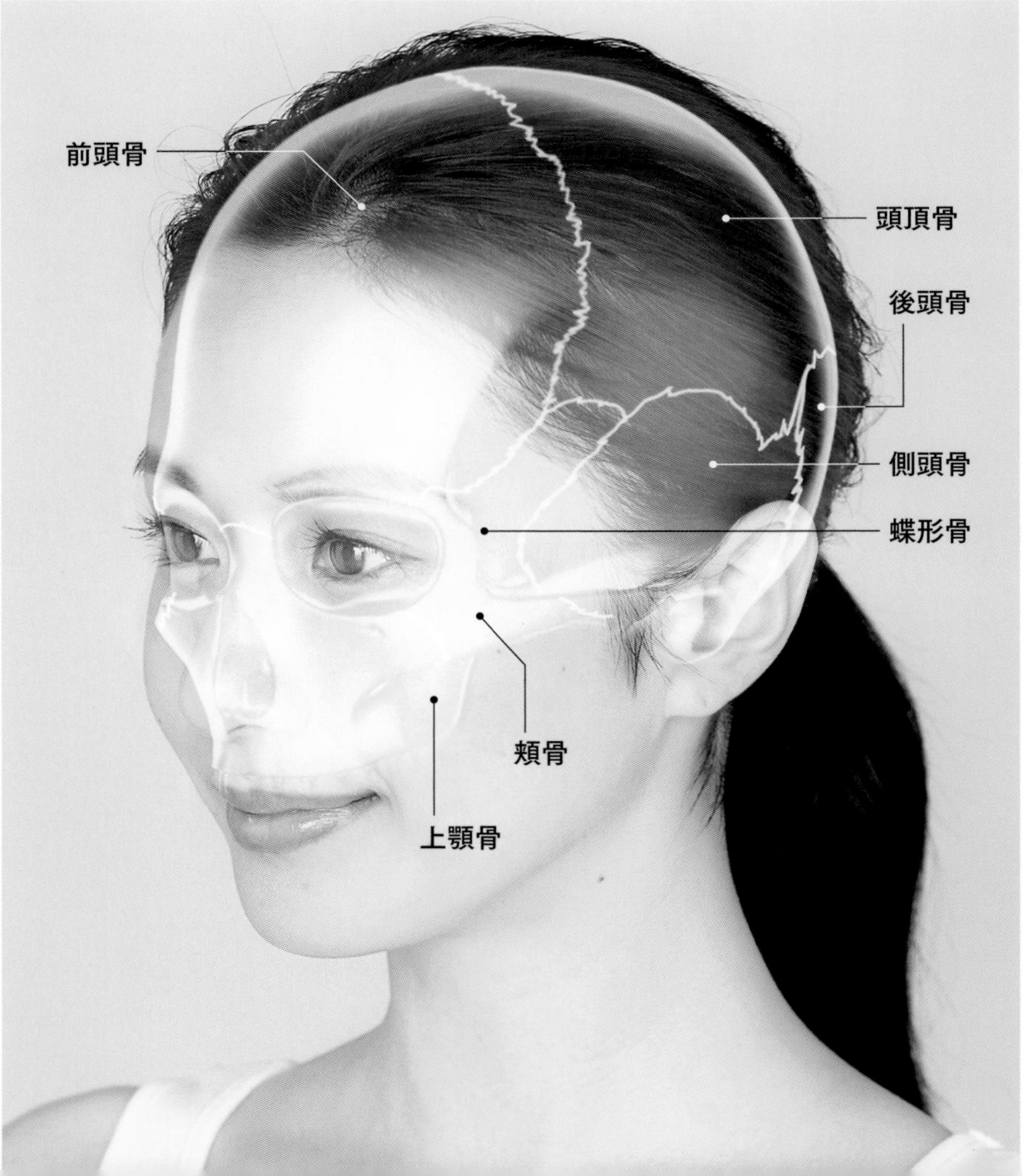

頭さすりが効く理由

優しくソフトな刺激だから骨や筋肉が抵抗せずねらい通りに動く！

フワッと頭に手を添えるだけで、押さえつけることももむこともせず、痛みというストレスを感じさせません。痛みが交感神経を刺激して血管が収縮し、筋肉が硬くなることがないため、ねらった状態へと導きやすいのです。

1回3分、短時間で心地よいからラクに続く

頭の7つの骨をさする、全種類やっても約3分。1日1回でも十分で、いつやってもＯＫです。目覚めてすぐ、ベッドの上で寝たままでも行えるので、寝起きの悪い朝も、この時間をつくることで気分もフェイスラインもスッキリ。ラクに行えて気持ちよいから、継続できます。

呼吸と一緒に行うから ゆがみが整いやすく 即効性がある

頭をさするのと同時に行う深呼吸はとても重要です。頭蓋骨どうしのつなぎ目（縫合線）は呼吸に合わせて小さく開閉すると考えられていますが、頭蓋骨がゆがむと開閉しづらい状態に。頭さすりと共に深呼吸を行い、開閉を助けることでゆがみが整いやすく、早く効果が出ます。

頭の「反射区」刺激で 体の不調も改善！

頭さすりでさする7つの骨には、反射区のように相関関係にある内臓や筋肉があります。超ソフトにさする刺激でも内臓と筋肉が反応し、不調が改善する効果には驚くかもしれません。行うとすぐにお腹がグルグルと鳴ったり、関節まわりが柔らかくなったりすることも！

Contents

【注意】本書で紹介しているケアを実践する際に、持病のある方、ケガをしている方、通院中の方、妊娠中の方、肌が敏感な方など、体調に何らかの不安がある方は、医師またはお近くの医療機関に相談の上、慎重に行ってください。行っているときに痛みや違和感を覚えた場合はすぐに中止してください。効果には個人差があります。／ケアのやり方が見られるハウツー動画は、予告なく内容を変更したり、公開を終了したりすることがあります。あらかじめご了承ください。

お悩みに合わせてケアを選ぶ

この本の使い方

美容、健康、いま気になる悩みに合わせて、おすすめの使い方をご紹介します。

健康の悩みを改善したい！

便秘や肩コリ、腰痛、不眠、ＰＭＳや更年期の不調、ゆううつ感など、健康に関するお悩みを改善したい場合はこのコースを。

美容の悩みを改善したい！

ほうれい線や二重あごなどのたるみ、くすみ、むくみ、しわなど、美容に関するお悩みを改善したい場合のおすすめコース。

これだけでもOK!

Part 1

頭さすりを行う P32〜

美容、健康、どちらの悩みにも、改善効果が期待できるのが頭を優しくさする「頭さすり」。これを行うだけでもＯＫです。

もっと元気に

Part 3

体ケアをプラス！ P88〜

もっと体をスッキリさせたいときは、お悩み別に「体」に触れたり動かしたりするケアをプラス。人にやってあげる方法もあります。

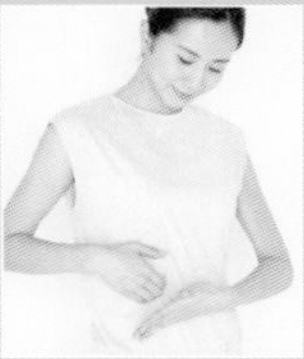

もっとキレイに

Part 2

顔ケアをプラス！ P70〜

特に気になる美容悩みをさらに改善したいときは「顔」にアプローチするケアをプラス。お悩み別に、顔に触れるケアを行いましょう。

＼ ここが使いやすい ／

本が180°開くから本を見ながら行いやすい！

この本は、ページが180°開く構造になっています。手で押さえなくてよいので、両手が空き、本でやり方を見ながら行うのがラク。

市野さおり先生のハウツー動画でやり方が正確にわかる！

紹介するケア方法は、ページ内にあるコードを読み取って、動画が見られます（一部を除く）。市野先生が実践しているので、コツがわかる！

Part_1

頭さすりで顔のお悩みをまるごと解決!

ほうれい線、くすみ、むくみ、ひたいや眉間のしわ、目もとのくぼみなど、年齢とともに目立ってきやすい、よくある顔のお悩み。それらのどのお悩みの改善にも、効果を期待できるのが「頭さすり」です。気になる悩みに対応する部分をターゲットに、頭をそっと優しくさするだけ。このパートでは、そのやり方をご紹介していきます。お悩みはひとつではなく、あれもこれもというケースは多いもの。頭さすりで、気になる悩みをまとめてケア！

全部で３分、７種の頭さすりで顔の全お悩みに効果アリ！

頭さすりは、頭にそっと手を添え、髪の毛を動かす程度の優しいタッチで頭をさすり、美容や健康のお悩みの改善を目指す手技です。

アプローチするのは７つの頭の骨。それぞれを、呼吸に合わせ、決まった方向に軽く動かします。手にも指にも力は入れず、骨も筋肉も押しません。少し深めの呼吸に合わせながら、髪の毛の上で手をすべらせるように往復させるだけです。

７つの骨は、それぞれが反射区となっています。つまり、それぞれに対応する特定の筋肉や臓器があり、その骨をさすることで、それらの状態の改善が期待できるのです。そのため、もし改善したい悩みが明確であれば、その悩みと関連が深い骨をさするだけでもＯＫです。

しかし、効率よく悩みを改善したい場合は、全部の骨をさすることをおすすめします。なぜなら、トータルで行うことで頭蓋骨のゆがみがバランスよく整い、より効果が高まるためです。全部行うとなると大変に思うかもしれませんが、まったく力もいらないので、７種全部行っても疲れず、所要時間は約３分です。

呼吸は3秒吸って3秒吐くくらいのペースで、少し深めにゆっくりと、鼻で吸って鼻で吐く、鼻呼吸をおすすめします。また、効果的な順番があるので、それに沿ってさすりましょう。

早い方であれば、行った直後から3日続けたぐらいで、フェイスラインがスッキリしたり、首がほっそりしてきます。1週間ほど続ければ、顔の印象が変わってきたことを実感できるはず。同時に、体の不調も感じにくくなっていることに気づくでしょう。

頭さすりの前に 頭のゆがみサインを CHECK!

頭蓋骨がゆがんでいると、
出やすいサイン。頭さすりを行う
前後で変化をチェックしてみて！

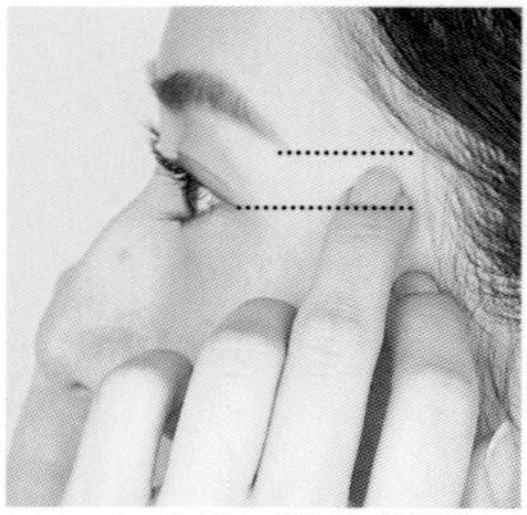

こめかみの凹みがわかる？

眉尻と目尻の間の後方で奥歯を噛み締めると動くところ。指の腹を当て、凹みや皮膚がペコペコする感覚がない場合はゆがみのサイン。

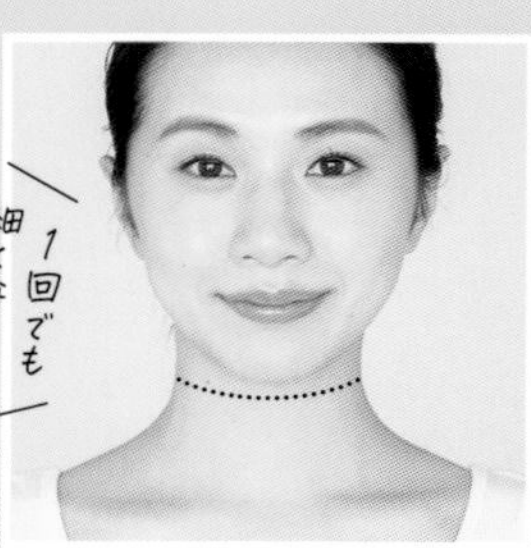

首が太くなっていない？

ゆがむと太くなりやすく、頭さすり1回で1～2cm細くなることも。首で測る位置を決め、メジャーで測って比べてみましょう。

ターゲットはここ！

頭の7つの骨MAP

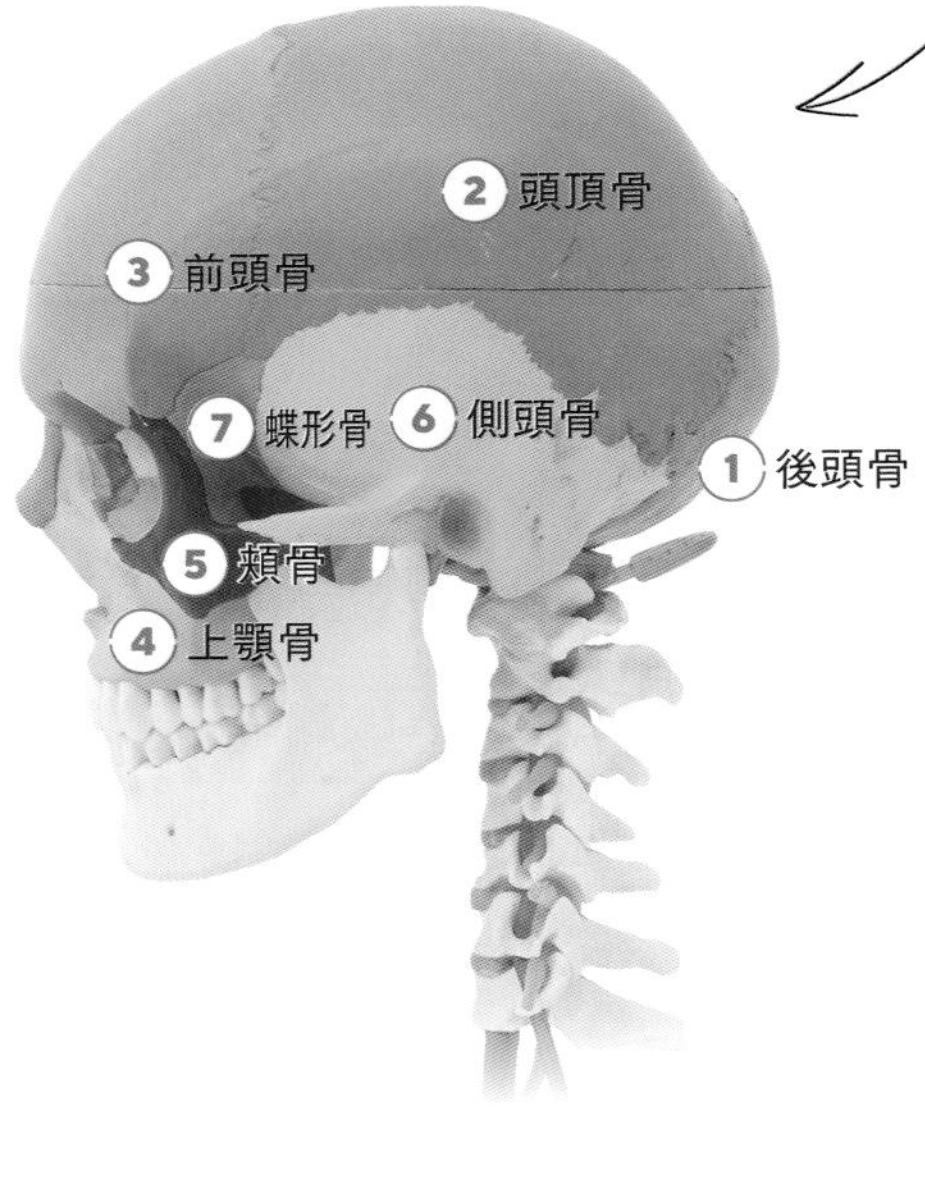

頭さすりのターゲットは、頭の7つの骨。これら7つの骨がある部分の頭皮、あるいは頭髪の部分をさすっていきます。これらの骨は頭の反射区にあたり、それぞれに対応する臓器や筋肉があります。ここでは、ターゲットとなる7つの骨について、その位置と、美容や健康の悩みにどう関わるかを見ていきましょう。

1

後頭《こうとう》骨

頭の後方にあり、頬や フェイスラインのたるみに関連

後頭骨は、頭部の後方に位置する骨です。

首コリや肩コリに伴ってゆがみ、骨まわりが硬くなりやすくなります。すると、二重あごやほうれい線が目立つなど、首やあごまわりの美容の悩みが出現しやすくなります。

また、健康面では便秘、胃腸不良のほか、太ももの重だるさなどが出がちです。

後頭骨をさするときは、うなじの中央の、後頭部の出っ張りと首との境目を中心に、両手を組んで覆うように動かすと、アプローチしやすいです。さすっていると対応する腸の動きが促され、お腹が鳴り出すことも。

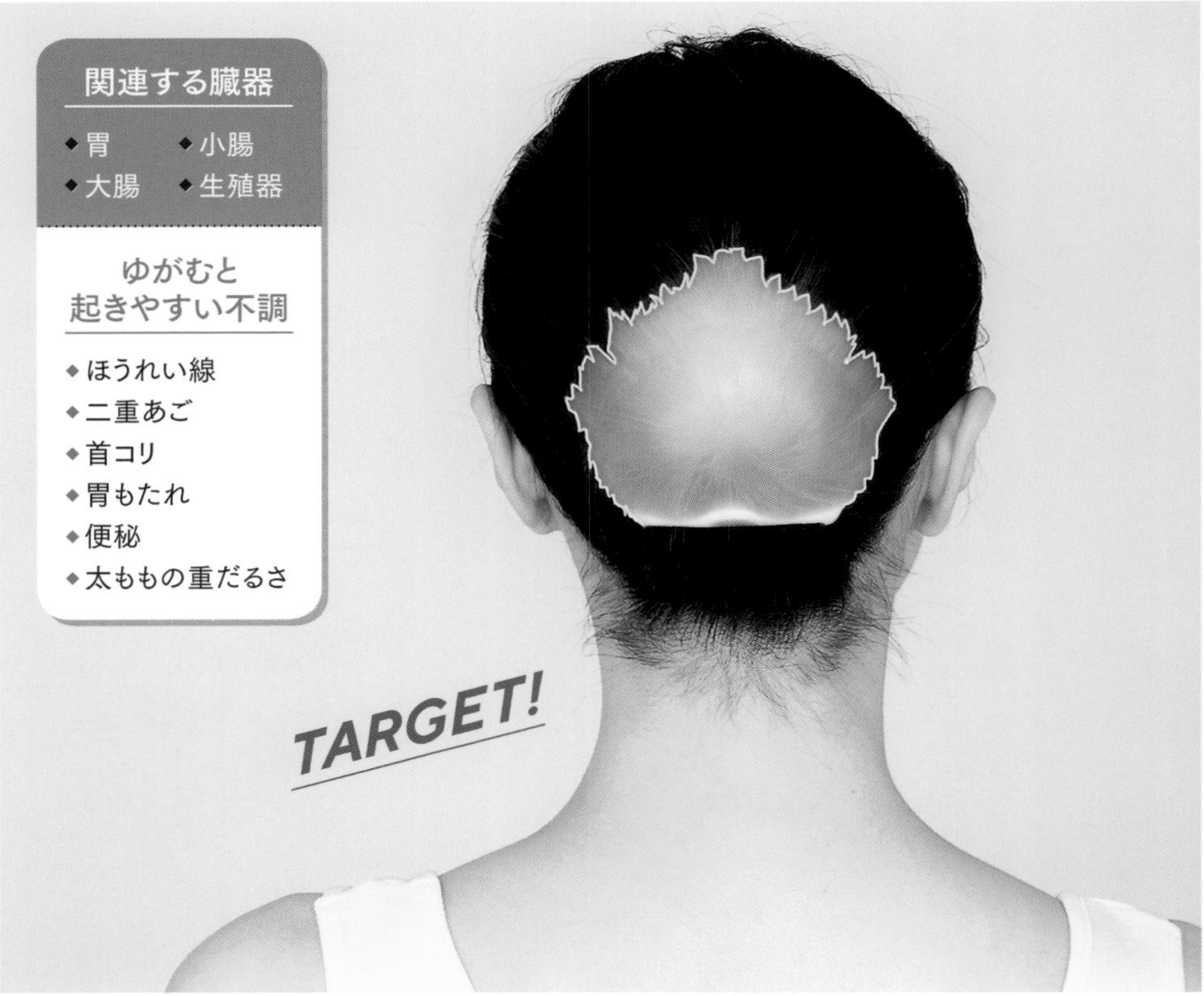

関連する臓器

- 胃
- 小腸
- 大腸
- 生殖器

ゆがむと起きやすい不調

- ほうれい線
- 二重あご
- 首コリ
- 胃もたれ
- 便秘
- 太ももの重だるさ

2 頭《とう》頂《ちょう》骨

ストレスによってゆがみやすく老け見えが加速！

頭部の一番上にあり、頭の中心の縫合線を挟んで、左右一対で存在する2枚の大きな骨です。この骨は、ストレスを感じると、ゆがんで骨まわりが硬くなりやすくなります。

頭頂骨と関連が深い臓器は、副腎です。副腎はストレスに対抗したり、老化を抑えるホルモンなどを分泌し、血圧や体内の水分・塩分量を調節する役割を持っています。頭頂骨がゆがむと、美容面ではくすみ、むくみ、肌のハリの低下、白髪など、全体的に老け見え感が高まるように。健康面では血圧の乱れ、免疫力の低下のほか、下肢のむくみが出現しやすくなります。

関連する臓器

- 副腎

ゆがむと起きやすい不調

- くすみ
- 顔のむくみ
- 肌のハリ低下
- 白髪が増える
- 低・高血圧
- 免疫力低下
- 下肢のむくみ
- 足がつる

3 前《ぜん》頭《とう》骨

解毒の働きと関係し 目もとの若々しさをつくるカギ

ひたい部分を構成している骨。髪の生え際の少し上から鼻までを覆う、広く大きな骨です。

関連が深い臓器は、肝臓です。肝臓は、摂取したり体内で発生した有毒物質を解毒したり、栄養素を利用しやすい物質にしてエネルギーなどをつくります。

前頭骨はストレスや多忙、お酒の飲みすぎなどで、骨まわりが硬くなりやすくなります。すると、美容面では、まぶたのたるみ、ひたいや眉間のしわ、シミなどの悩みが起こりがち。健康面では肝機能低下のほか、肝臓のまわりに位置する右側の胸、肩、腕の筋肉に痛みやだるさを感じやすくなります。

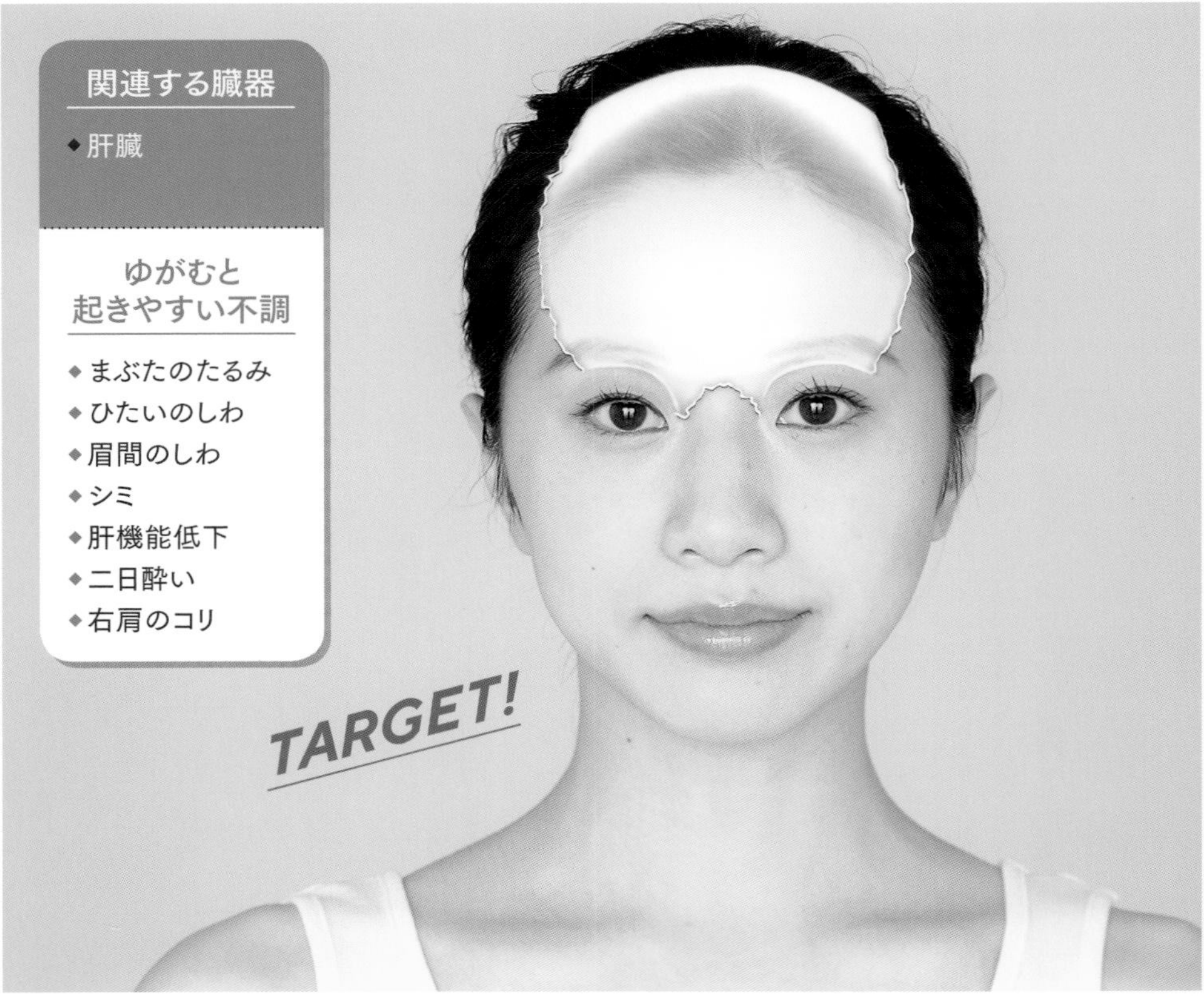

関連する臓器

- 肝臓

ゆがむと 起きやすい不調

- まぶたのたるみ
- ひたいのしわ
- 眉間のしわ
- シミ
- 肝機能低下
- 二日酔い
- 右肩のコリ

4 上顎骨《じょうがく》

口もとの老け見えを左右し メンタル不調にもつながる

上顎骨は頬の部分に位置する、左右一対の大きな骨です。対応する臓器は、酸素を体に取り込み、二酸化炭素を排出する役目を担う肺です。

この上顎骨は、人とあまり話をしなかったり、笑顔が減っているとゆがみ、骨まわりが硬くなりやすくなります。

すると、美容面では口角が下がったり、マリオネットラインが目立つという口もとのお悩みが起こりがち。

健康面では、肺のそばに位置する肩の不調が起きやすくなるほか、メンタル面にも影響が大きく、倦怠《けんたい》感、ゆううつ感が出やすくなります。

関連する臓器

◆肺

ゆがむと起きやすい不調

◆口角下がり
◆マリオネットライン
◆毛穴が目立つ
◆肩が上がりにくい
◆巻き肩
◆倦怠感
◆ゆううつ感

5

頬《きょう》骨

目の酷使でゆがみやすく くまや目尻のしわを招く

頬骨は目の下の少し出っ張った部分を形成します。

頬骨と対応する臓器は、胃の後ろ側にあり、消化に関わる膵《すい》臓です。

頬骨は眼球が入る眼窩《がんか》を形成する骨なので、パソコンやスマホなどで目を酷使するとゆがみやすく、骨まわりが硬くなります。また、あまり笑わなかったり、頬杖をつくクセでもゆがみがちです。

すると、美容面では、目尻のしわ、くまなど、目の下側のお悩みが起きやすくなります。また、頬骨は笑うときに動く骨なので、笑顔がぎこちなくなることもあります。

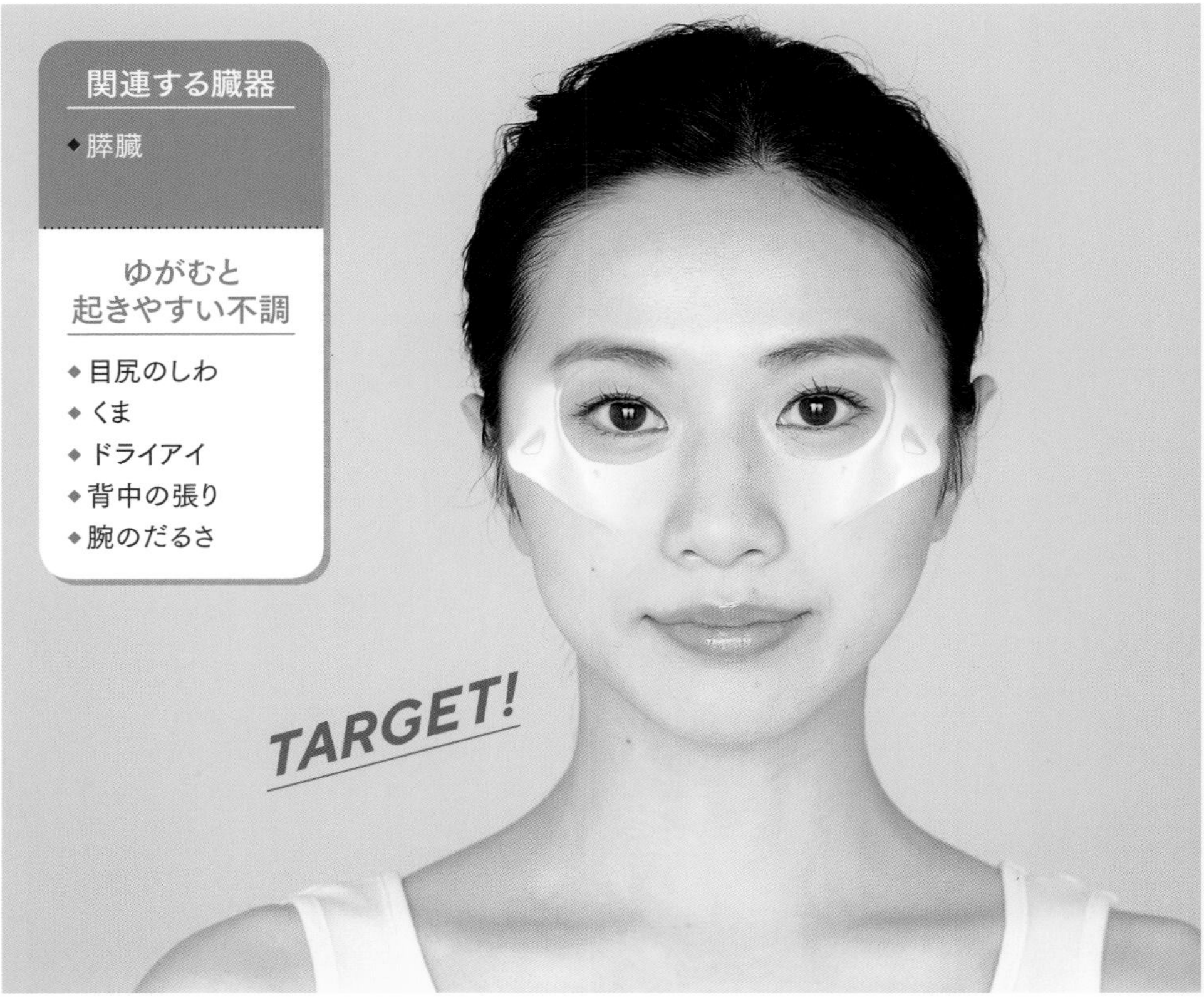

関連する臓器

- ◆膵臓

ゆがむと起きやすい不調

- ◆目尻のしわ
- ◆くま
- ◆ドライアイ
- ◆背中の張り
- ◆腕のだるさ

6

側《そく》頭《とう》骨

食いしばりの影響を受けやすく 目もとのくぼみや肌の乾燥を招く

側頭骨は耳の上から後方、下方に位置する、頭の側部の骨。手で耳を覆うようにすると、指に触れる骨です。関連が深い臓器は、血液をろ過して老廃物の排泄を担う腎臓です。

　側頭骨は頬杖をついたり、歯を食いしばるクセでゆがみやすく、骨まわりが硬くなります。

　すると、美容面では目もとのくぼみ、エラ張り、肌の乾燥などが起きやすくなるほか、顔が全体的にゆがんだ印象にもなりがちです。健康面では頭痛、めまいなどを引き起こします。腎臓に近い腰まわりの筋肉とも関連が深いため、腰痛や生理痛、脚の冷えも起こりがちです。

関連する臓器

- 腎臓

ゆがむと起きやすい不調

- 目もとのくぼみ
- エラ張り
- 肌の乾燥
- 頭痛
- めまい
- 腰痛
- 脚の冷え

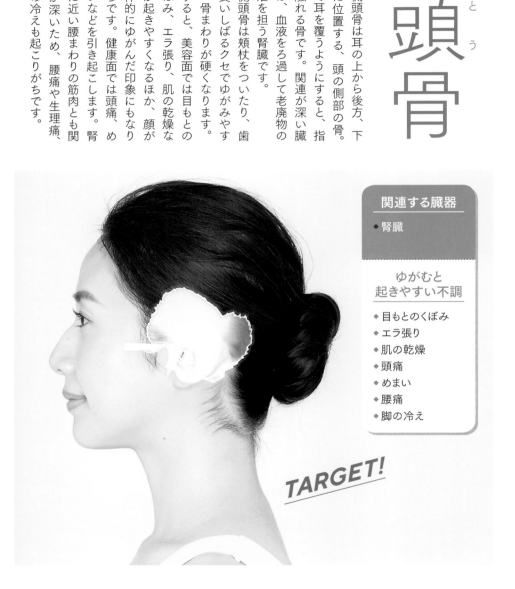

7 蝶《ちょう》形《けい》骨

ホルモンバランスと直結し 肌のコンディションを左右する

蝶形骨は、こめかみ部分に位置する骨。頭部の中で、脳をのせるお皿の役割をしている骨です。

横向きで寝た状態でテレビやスマホを見たり、グッと感情をこらえ、歯を食いしばりがちだと、ゆがみやすく、骨まわりが硬くなります。

蝶形骨の中央のトルコ鞍《あん》という部分では、ホルモンバランスを司《つかさど》る脳の下垂体を支えています。つまり、蝶形骨のゆがみはホルモンバランスの変調につながり、美容面では肌あれ、シミなど、肌への影響が大きくなります。健康面でも生理不順、ＰＭＳなどホルモンバランスに由来する不調が起こりがちです。

関連する臓器

- 心臓
- 下垂体（脳）

ゆがむと起きやすい不調

- 肌あれ
- シミ
- ゆううつ感
- 不眠
- 生理不順
- PMS
- 更年期の不調

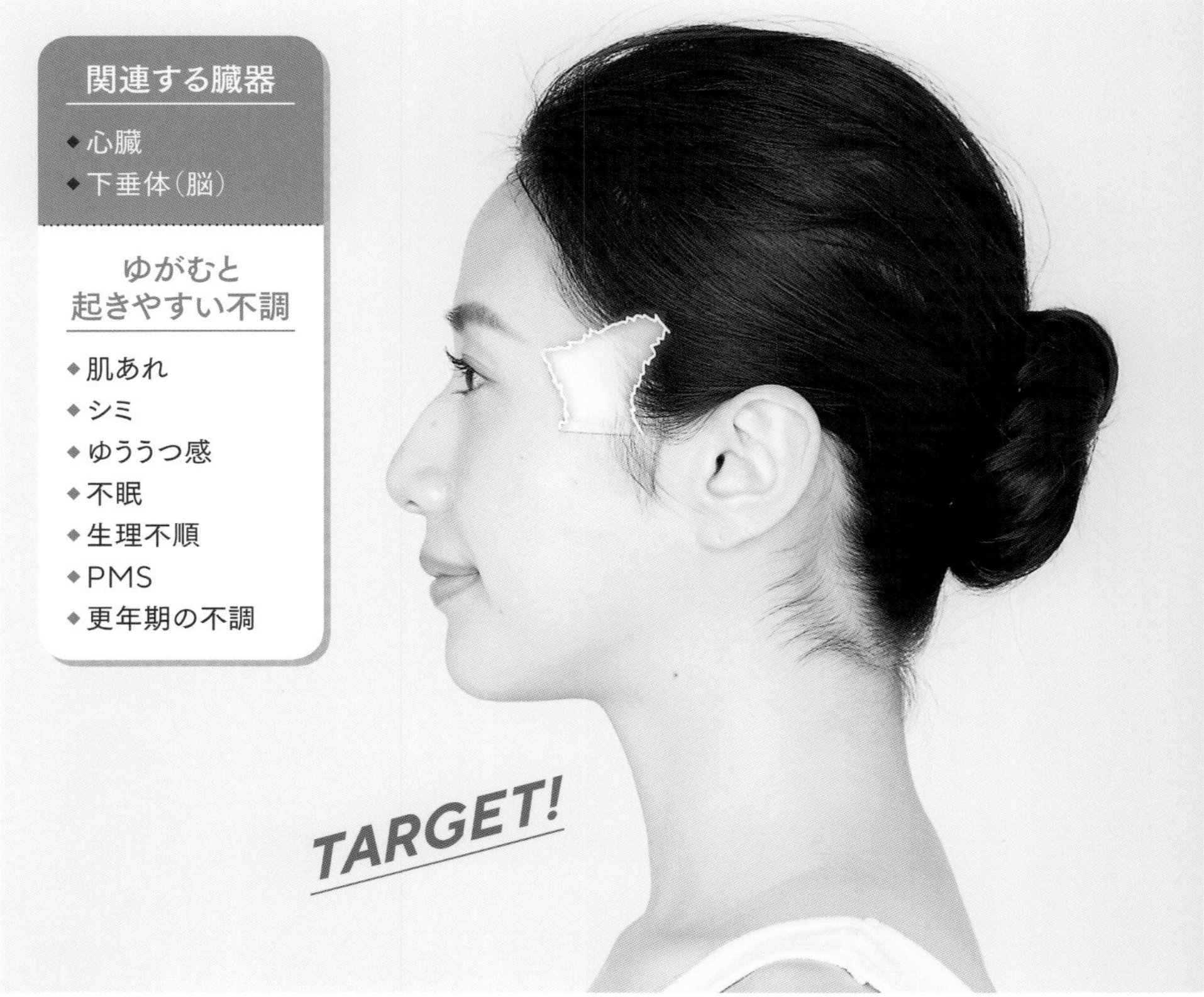

WARMING UP

最初に行うと効果UP!

骨の境界線ガシガシ

見ながらできる
ハウツー動画
∨∨∨

頭さすりは、頭蓋骨のゆがみを整えていくメソッド。
まず初めに、頭蓋骨のつなぎ目(縫合線)のラインに沿って
頭皮に刺激を入れることで、さすり効果が一段とアップし、
ゆがみがスムーズに整います。

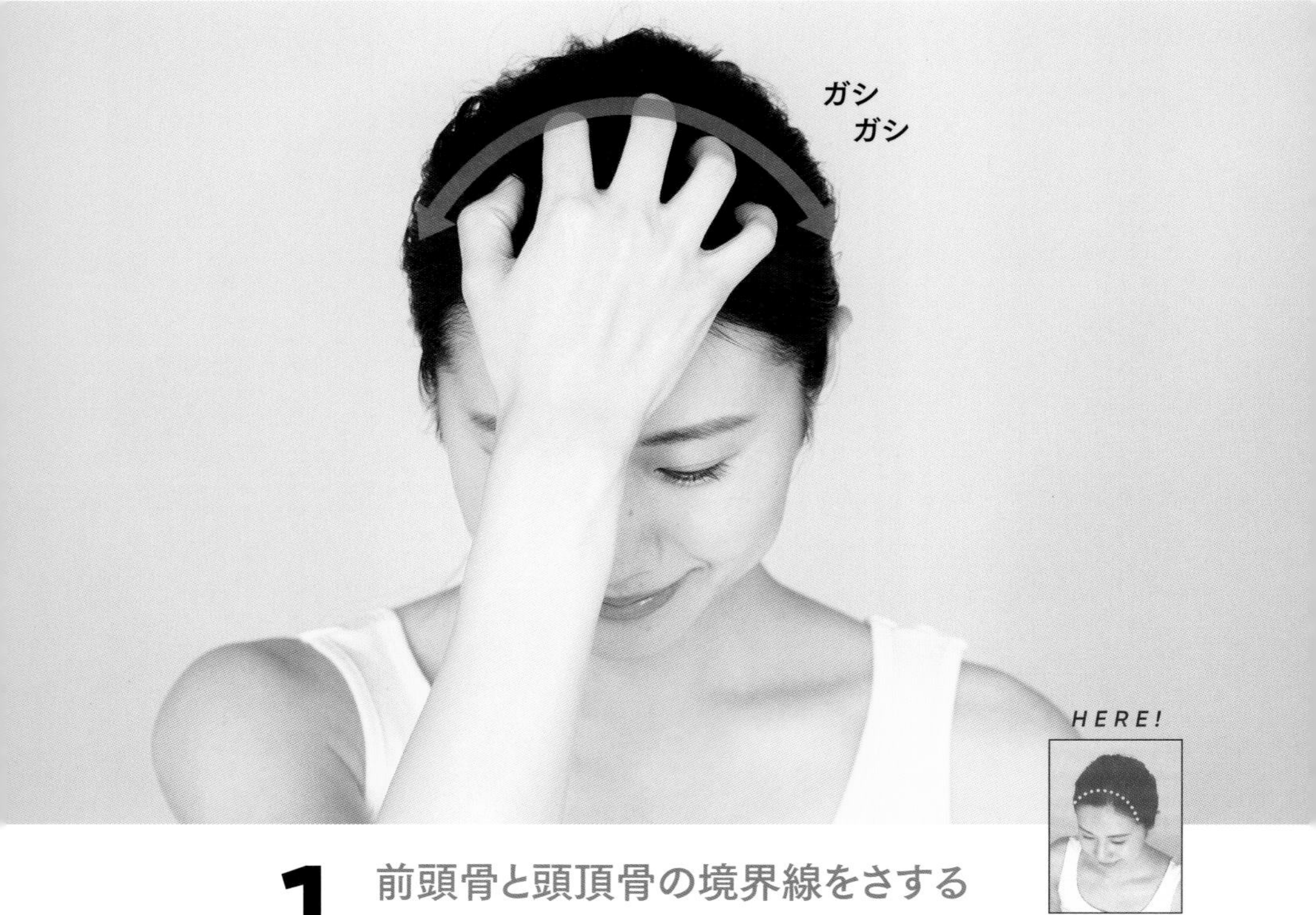

HERE!

1 前頭骨と頭頂骨の境界線をさする

頭の、両耳の付け根をつなぐライン(カチューシャをつけるライン)の中央に片手の指の腹をのせる。このライン上を左右にガシガシとさする。約10往復続ける。

10往復

2

頭頂骨の中心線をさする

頭の中心線に沿って、片手の指の腹をのせる。中心線を意識して前後にガシガシとさする。約10往復続ける。

HERE!

10往復

3

側頭骨の境界線をさする

両耳を覆うように、耳の上の骨に沿って手の指の腹をのせる。ダイヤルを回すように、前後にガシガシとさする。約10往復続ける。

HERE!

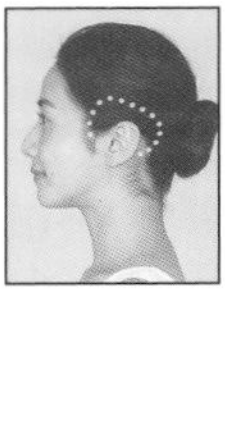

10往復

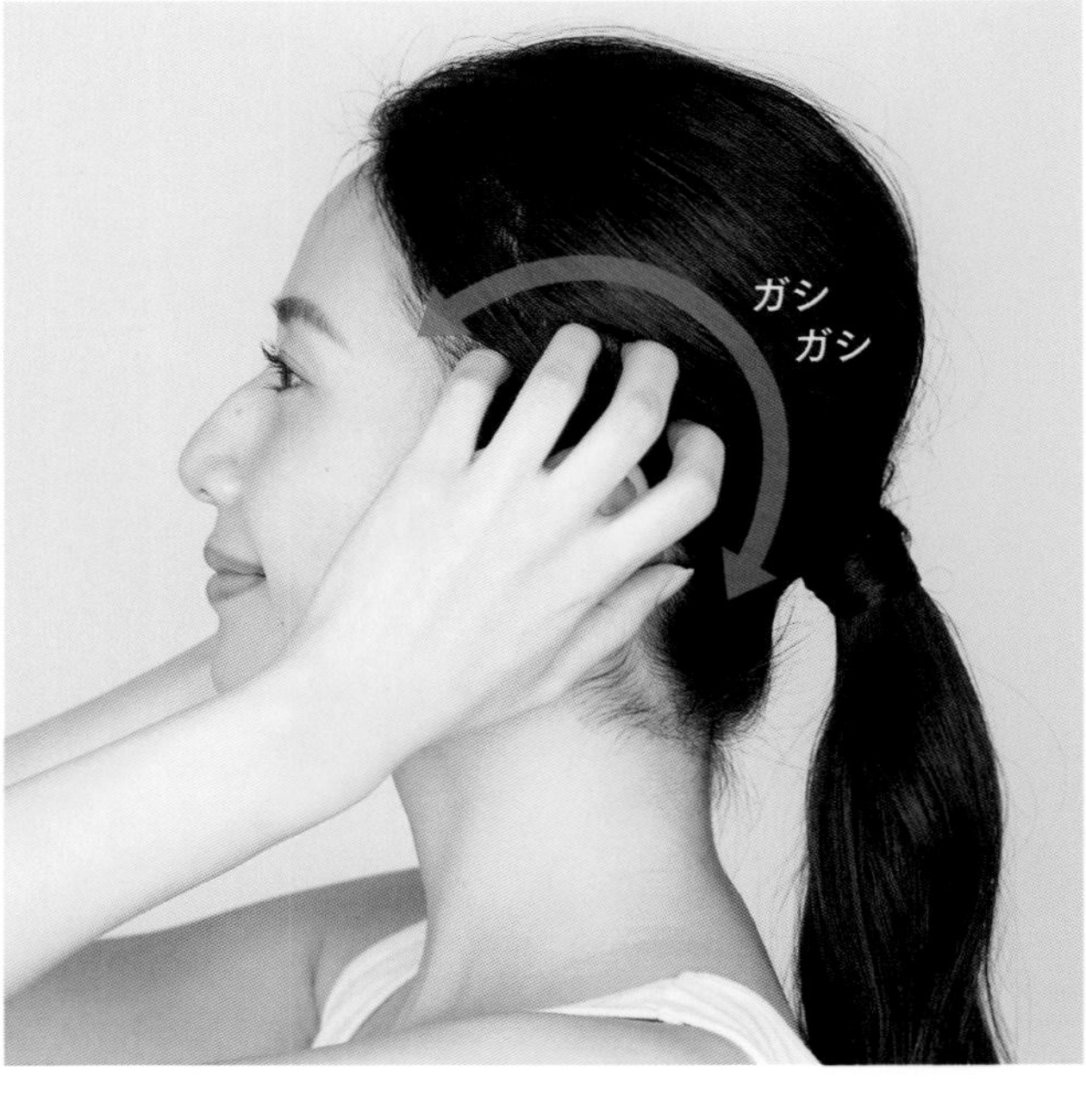

Head care 1

ほうれい線・二重あごに

HERE!

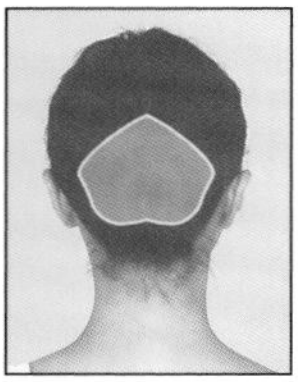

後頭《こうとう》骨さすり

後頭部にあり、首のコリに直接関与する後頭骨。
ほうれい線と二重あごは、その部分よりも、首の硬さやコリが原因となっていることが多いもの。後頭骨まわりの硬さをとり、上下運動を取り戻すことで首の筋肉がゆるみ、改善に導きます。

見ながらできる
ハウツー動画

1 後頭部を両手で包む

うなじ中央の、後頭部の出っ張りと首との境目を中心に、手のひら全体で後頭部の丸みをふんわりと優しく包むように、両手を組んでセット（髪が長い場合は髪ごとでよい）。

2

息を吸いながら さすり下ろす

目線を正面に固定する。鼻から深く息を吸いながら、髪をさするように、両手で3cmほど、そっと下にさする。

3

息を吐きながら さすり上げる

鼻から深く息を吐きながら、髪をさするように、両手で3cmほど、そっと上にさする。頭皮や頭蓋骨を強く触ることはNG。3呼吸(3往復)くり返す。

3呼吸
(3往復)

Head care 2

肌のくすみ・むくみに

HERE!

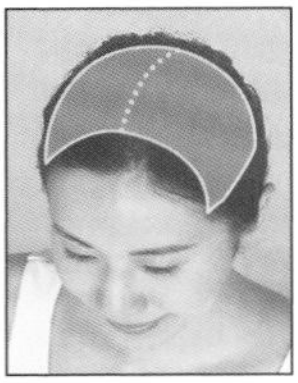

頭頂《とうちょう》骨さすり

頭頂骨は、副腎の反射区。頭頂骨をさすることで、各種副腎ホルモンの分泌が安定し、くすみやむくみを改善します。さするときのコツは、指ではなく手のひら全体を使うこと。頭頂を左右に開くイメージで行いましょう。

見ながらできる
ハウツー動画
∨∨∨

1 頭頂にふわっと両手を置く

頭頂の中心線を挟むように、髪の毛をふわっと包み込むように手のひらを置く。

2

息を吸いながら さすり下ろす

視線は正面に固定する。鼻から息を深く吸いながら、耳の上まで、髪の毛をなでるように指をすべらせる。頭頂を優しく開くイメージで行う。

3

息を吐きながら さすり上げる

鼻から息を深く吐きながら、頭頂まで、そっとさすり上げる。開いた頭頂を閉めるイメージで行う。3呼吸（3往復）くり返す。

3呼吸
（3往復）

Head care 3

ひたい・眉間のしわ まぶたのたるみに

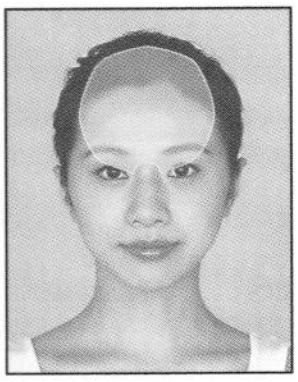

前頭《ぜんとう》骨さすり

ひたいや眉間に刻まれたしわや、まぶたのたるみには、
前頭骨のゆがみを解消することが大切です。手のひら全体を
使い、鼻すじに触れながらさすることがポイント。
頭皮というより、髪を動かす程度の触れ具合でOKです。

1

ひたいの中央を手のひらで覆う

手根部が鼻の付け根にくるように、片手のひらで、ひたいの中央を覆う。指先は頭に軽く添える。

2

息を吸いながら さすり下ろす

鼻から息を深く吸いながら、手根部が鼻の頭に触れるぐらいまで、手のひらをそっと下にさする。

SIDE

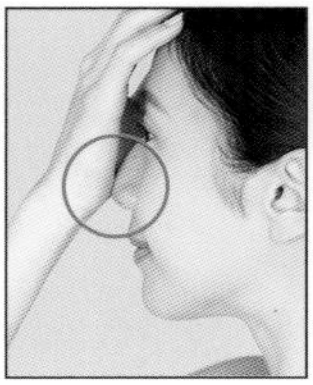

＼鼻に当てる／

3

息を吐きながら さすり上げる

鼻から息を深く吐きながら、元の位置まで手のひらをそっと上にさする。3呼吸(3往復)くり返す。

3呼吸
(3往復)

Head care 4

口角下がり・マリオネットラインに

上顎《じょうがく》骨さすり

HERE!

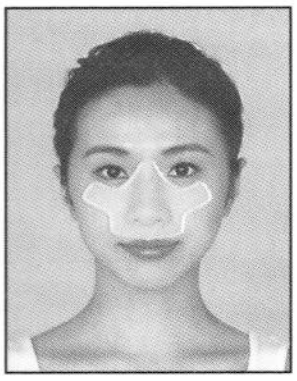

上顎骨がゆがむと、口角の高さに左右差が出て、
口角が下がった印象になります。長期化すると、
さらに深刻化してマリオネットラインも発生。
上顎骨を正しい位置に導き、改善に働きかけます。

見ながらできる
ハウツー動画
∨∨∨

1 鼻の両わきに指を当てる

鼻の両わきに人差し指と中指、鼻の下に薬指の腹を、それぞれ軽く当てる。視点を前方１箇所に固定する。

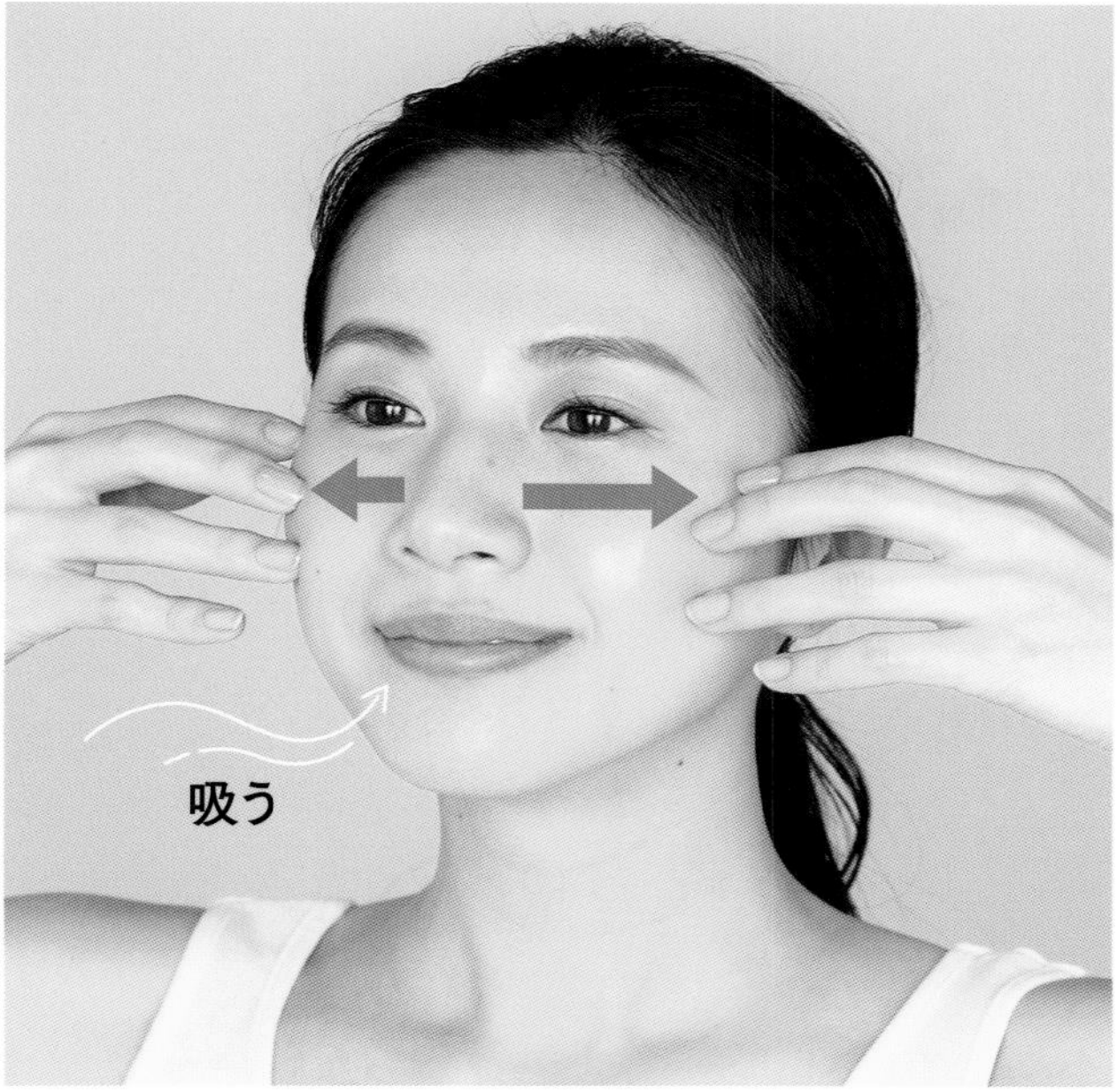

2

息を吸いながら外側にさする

鼻から息を深く吸いながら、こめかみの下ぐらいまで、そっと指で真横にさする。刷毛《はけ》でなでるぐらいの圧力で、指の腹を頬の上ですべらせるイメージで行う。

3

息を吐きながら内側にさする

鼻から息を深く吐きながら、元の位置に戻るように、そっと指でさする。3呼吸（3往復）くり返す。

3呼吸
（3往復）

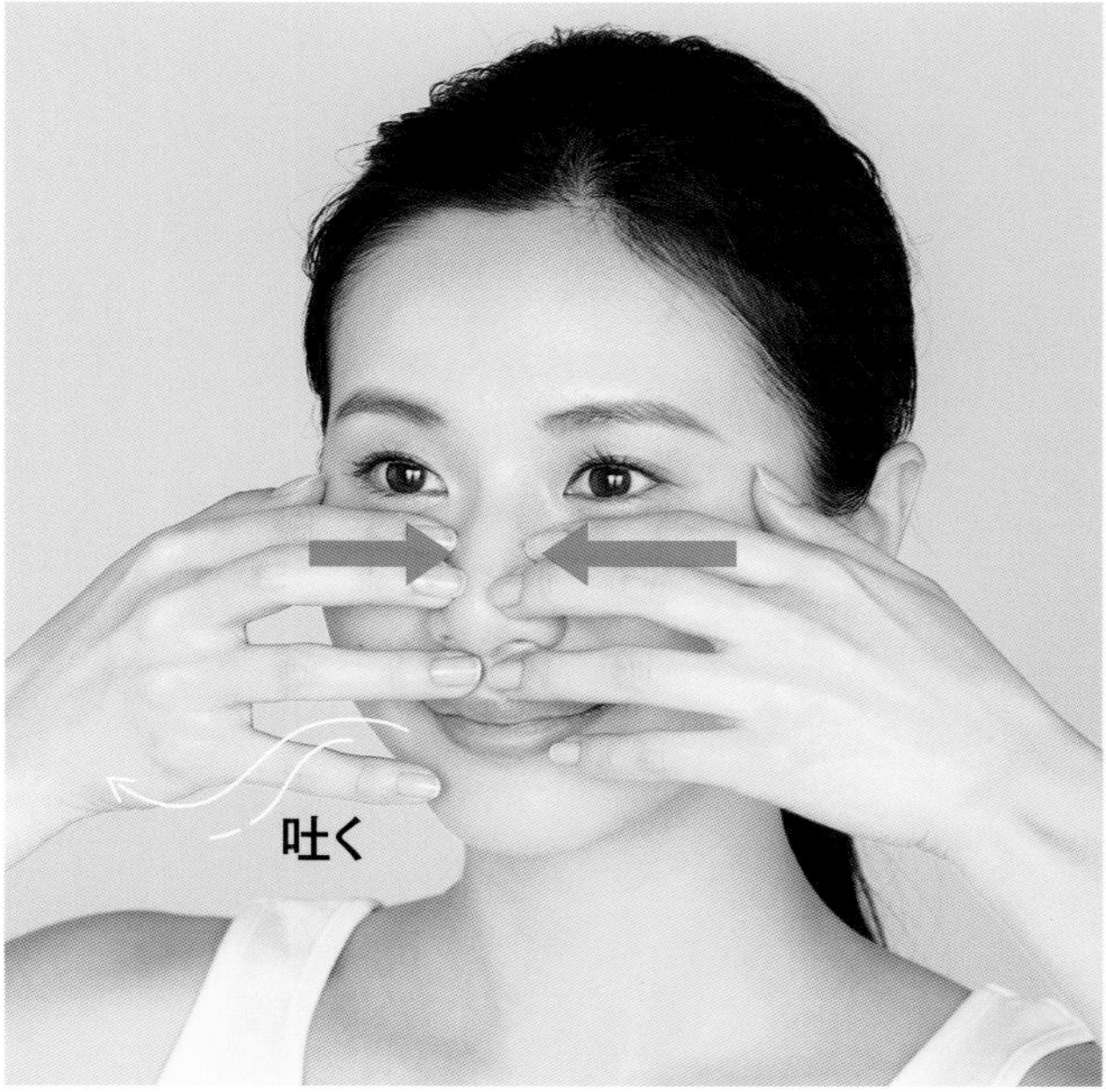

Head care 5

目尻のしわ・くまに

HERE!

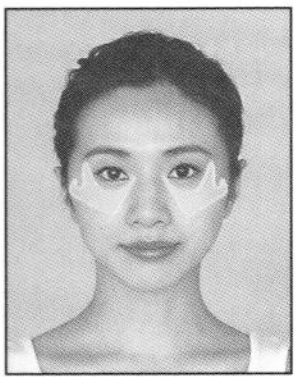

頬《きょう》骨さすり

見ながらできるハウツー動画

位置の高さが美人の条件の1つともいわれる頬骨。
頭さすりでゆがみを整えると、眼球の入る眼窩が正しい形に
戻り、目の周囲に潤いが取り戻され、血行も促されて、
目尻のしわやくまの改善に効果的です。

1 頬の高い部分に指を当てる

目尻の下の、少し出っ張って頬が高くなっている部分が頬骨。ここに、人差し指・中指・薬指をそろえて、指先を置く。視点を前方の1箇所に固定する。

2

息を吸いながらさすり上げる

鼻から息を深く吸いながら、こめかみに向かって、半円を描くように指でさする。刷毛でなでるくらいの圧力で行い、皮膚が寄っていかないようにする。

3

息を吐きながらさすり下ろす

鼻から息を深く吐きながら、鼻のわきまで指でさする。骨を押さないように注意。同様にこめかみ〜鼻のわきまでさするのを、3呼吸（3往復）くり返す。

3呼吸
（3往復）

Head care 6

目もとのくぼみ・エラ張りに

HERE!

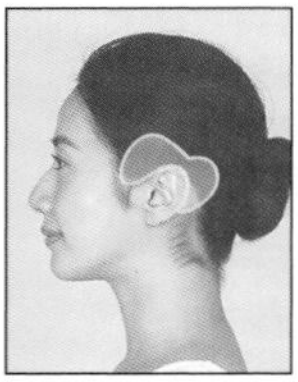

側頭《そくとう》骨さすり

見ながらできる
ハウツー動画

耳を囲むように位置する側頭骨。歯の食いしばりや、横寝でスマホを見るなどのクセが大きく影響し、ゆがみやすい反面、元に戻りやすい骨でもあります。ゆがみを整えると目もとのくぼみが改善し、目力がアップ。エラ張りも緩和してきます。

1 耳を覆うように指を当てる

姿勢を正し、視点を前方の一点に固定する。手の指を広げ、耳の上の骨に沿って、耳を覆うように、人差し指・中指・薬指・小指の腹をそっと当てる。

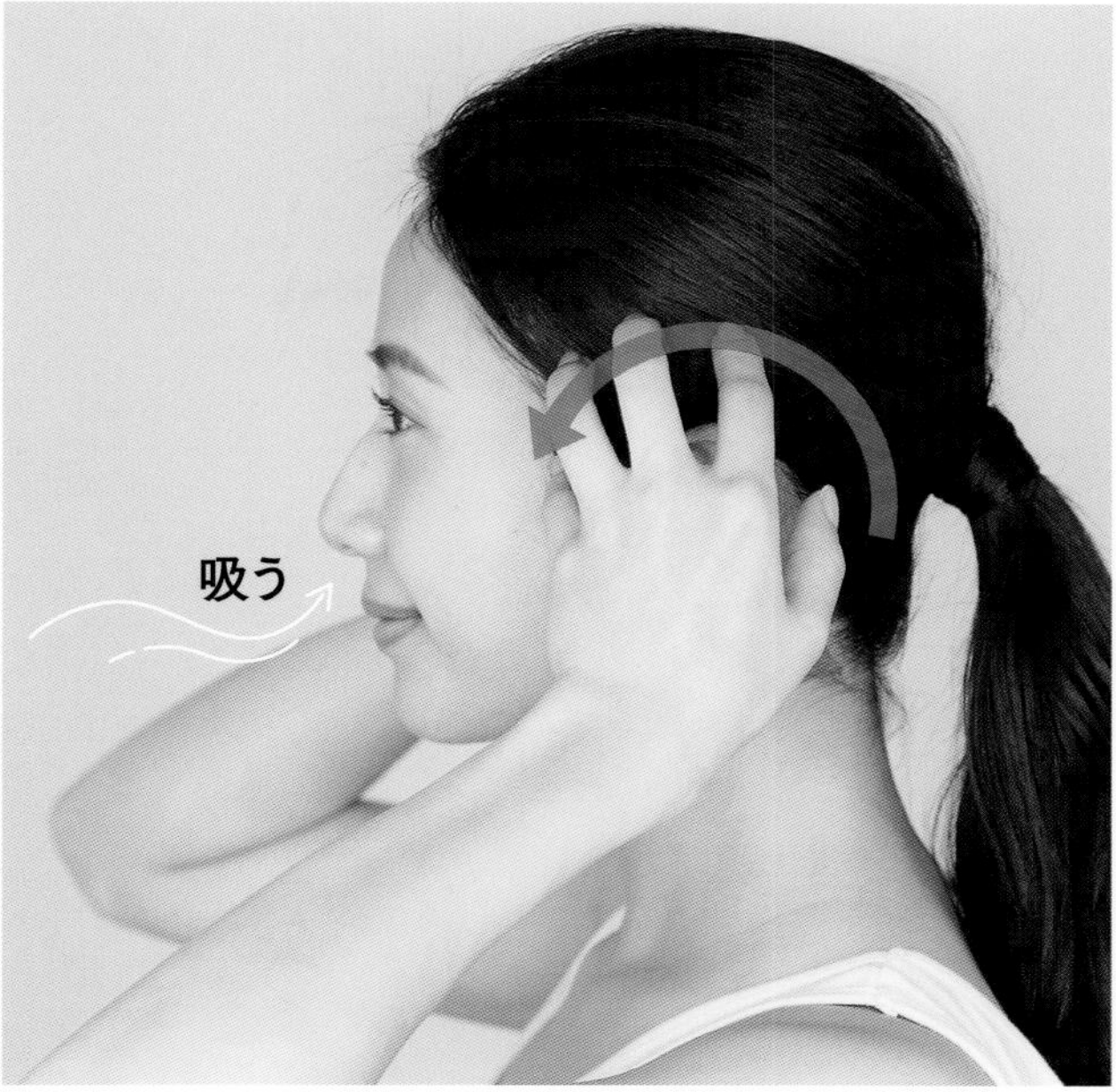

2

息を吸いながら前方にさする

鼻で息を深く吸いながら、ダイヤルを回すように、指を前方に回転させながらさする。人差し指と小指が平行になるぐらいまで回す。指を髪や肌の上にすべらせるイメージで、そっと行う。

3

息を吐きながら後方にさする

鼻で息を深く吐きながら、同様にダイヤルを回すように、指を後方に回転させながらさする。人差し指が耳たぶの後ろにくるくらいまで回す。３呼吸（３往復）くり返す。

3呼吸
（３往復）

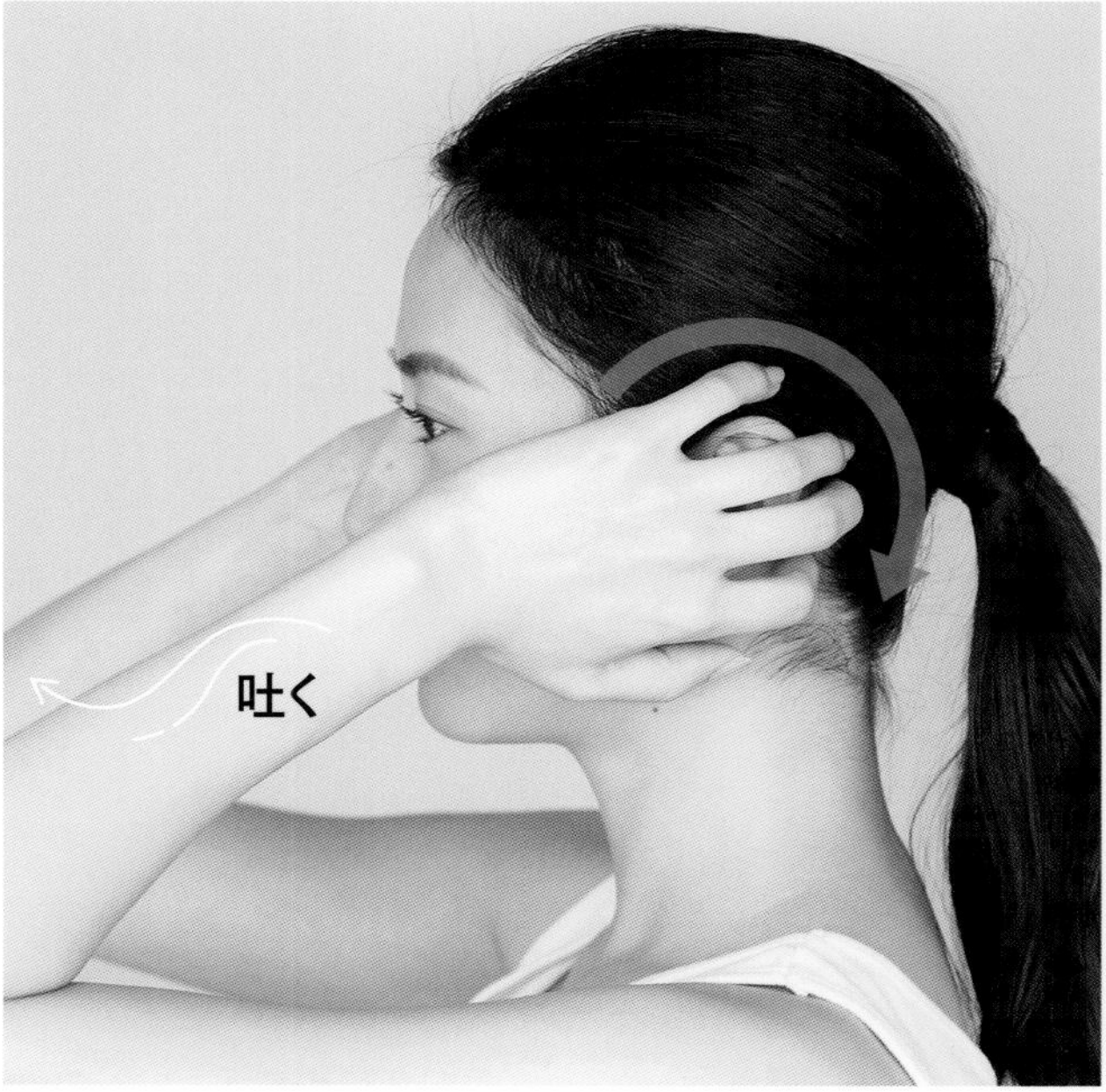

Head care 7

肌あれ・シミに

HERE!

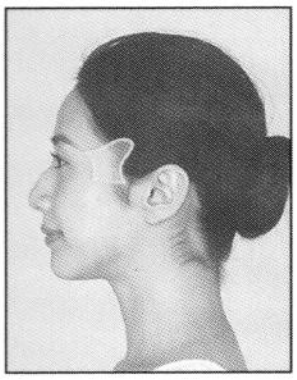

蝶《ちょう》形《けい》骨さすり

蝶形骨のゆがみはホルモン分泌に直結します。頭さすりでゆがみを調整することでホルモンバランスが整い、肌あれやシミの改善につながります。蝶形骨はこめかみ部分にあるので、こめかみを指でそっとさするように行いましょう。

見ながらできる
ハウツー動画

1 こめかみに指を当てる

視点を前方の一点に固定させる。目尻と眉尻の間の延長線上にある両こめかみ(奥歯を噛むと動くところ)に、それぞれ中指の指の腹をそっと当てる。小さな虫が止まる程度の感覚でOK。決して強く押さないこと!

CHECK!
こめかみの柔らかさや凹みをチェック!
>>> P35

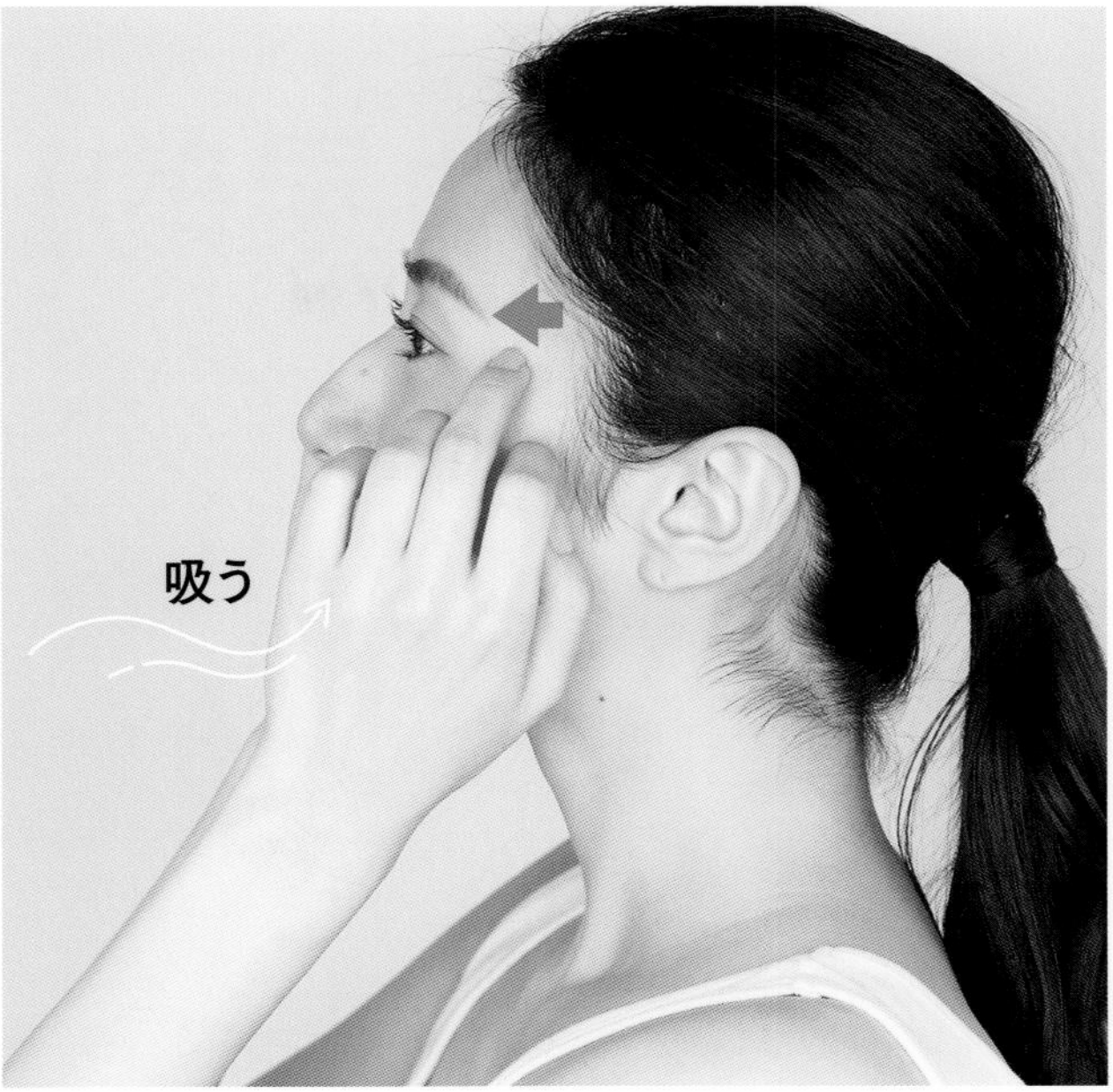

2

息を吸いながら前方にさする

鼻で息を深く吸いながら中指を前方（目の方向）へ５㎜程度さする。肌にしわが寄らないよう、そっと動かす。

3

息を吐きながら後方へさする

鼻で息を深く吐きながら、中指を後方へさすり、元の位置へ戻す。３呼吸（３往復）くり返す。

3呼吸
（３往復）

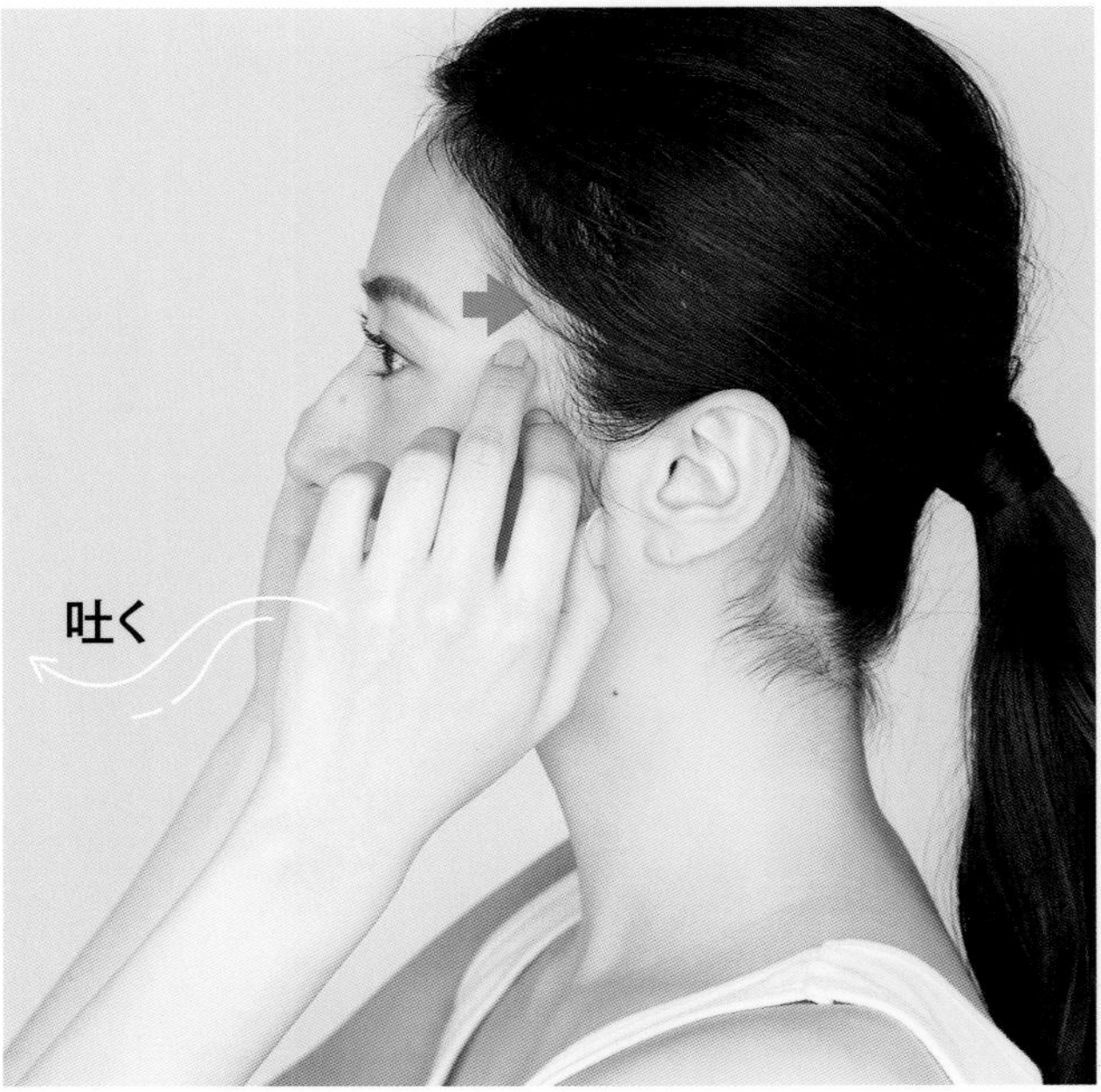

ALL

通して行うのが効果的!

1

P46

後頭骨さすり

WARMING UP

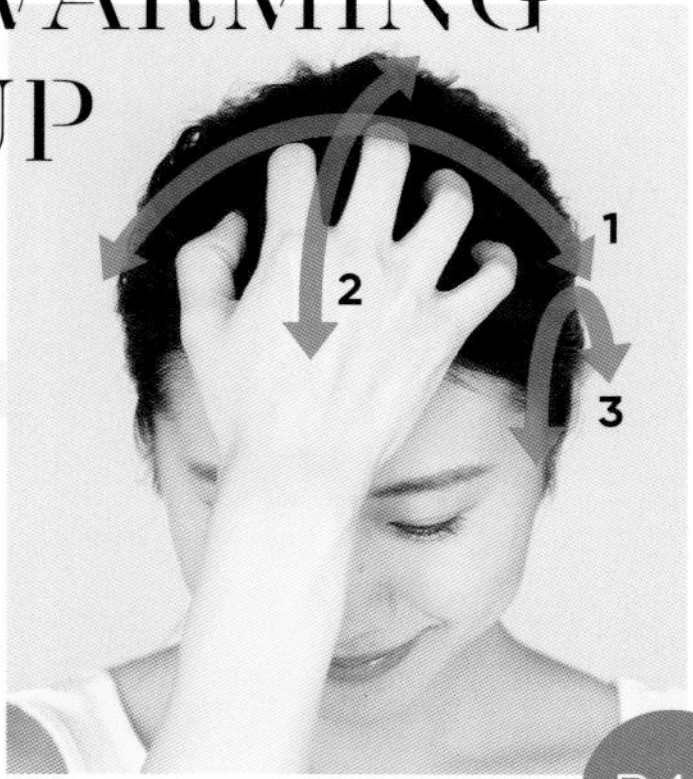

P44

骨の境界線
ガシガシ

5

P54

頬骨さすり

4

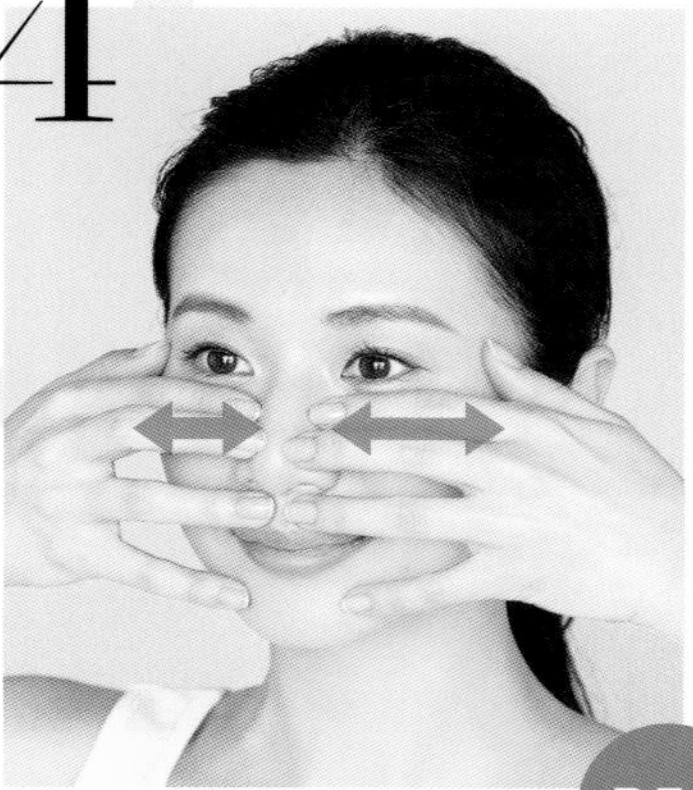

P52

上顎骨さすり

見ながらできる
ハウツー動画
∨∨∨

頭さすりフルコース

頭さすりは、単独で行っても効果はありますが、
ウォーミングアップを含めて全8種類、フルコースで
行うと、より効果的です。全部行っても、約3分。
毎日の習慣にして、気になる悩みを改善していきましょう！

2

P48

頭頂骨さすり

3

P50

前頭骨さすり

6

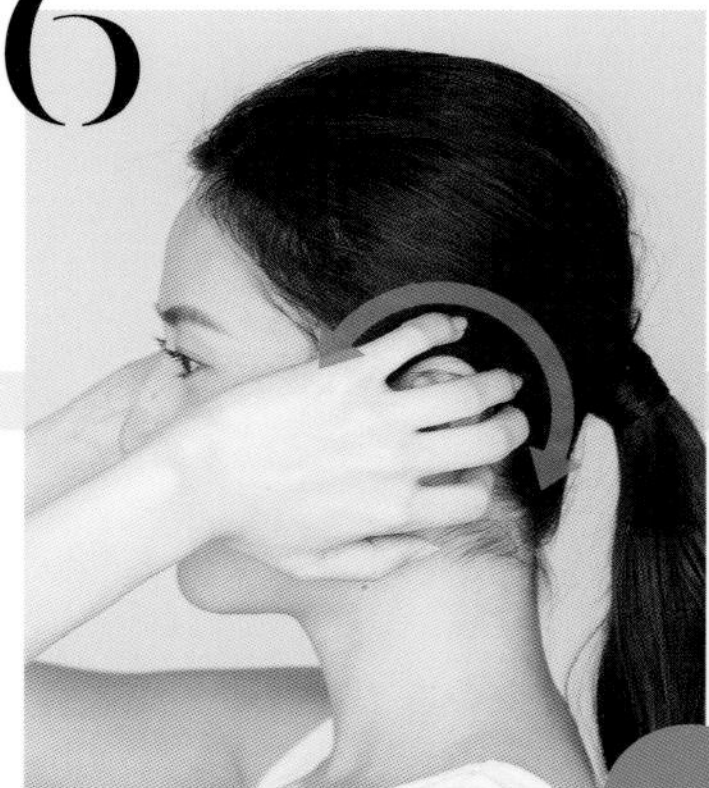

P56

側頭骨さすり

7

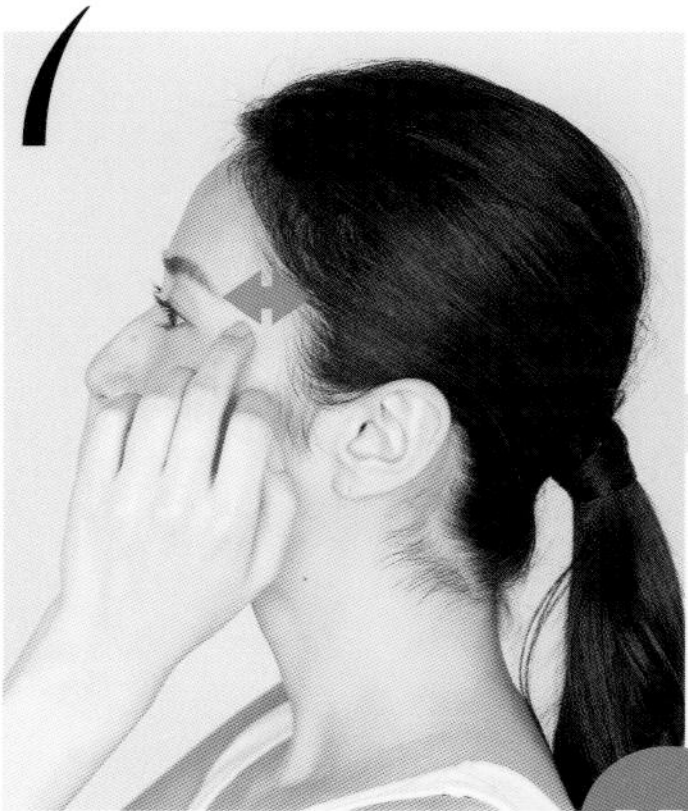

P58

蝶形骨さすり

頭さすり Q&A

頭さすりは、いつ、どんなふうに
行うのがよい？　何をするとNG？
頭さすりを効果的に行うために
気になることをピックアップ！

Q いつ行うのが効果的？

いつでも好きなときに行ってOK！

頭さすりは、いつ行ってもよいケアです。習慣にしやすいタイミングで行い、継続するのが◎。おすすめは、朝の洗顔後やお化粧をする前です。寝起きの頭と体が気持ちよく目覚めますし、フェイスラインが引き締まり、顔のメリハリがUP。そのほか、不調や疲れを感じたタイミングで行うとスッキリします。寝る前にも行うと、リラックスして快眠に。

Q 一度に全種類やらなきゃダメ？

1種類やるだけでも効果はあります

1種類行うだけでも、もちろん効果はあります。特に気になっているお悩みに対応している骨をさするケアを選んで、行うだけでもよいでしょう。1つの骨だけ行う場合は、通常の3呼吸ではなく、10呼吸まで増やしてもOKです。回数が増えても、行うときは決して頭を強く刺激せず、深呼吸を忘れずに行ってください。

Q 何回行ってもいい？

何回行っても良いけれど丁寧な1～2回で十分

7つの骨に対し、それぞれ3呼吸行って1セット、を1日に1～2セット行えば十分ですが、それ以上多く行ってもかまいません。間隔は、1～2時間以上空けるのがベター。なお、行うときは、手の動きだけでなく、深呼吸を忘れずに行うことを厳守しましょう。回数を多く行うより、少なくても丁寧に行うことが大切です。

さするとき、つい力が入ってしまいます

タオルを当てた上から行ったり刷毛を使っても◎

マッサージをするときは、ついつい力を入れて頭皮や骨を押してしまいがちですが、頭さすりは、本当に触れるか触れないかくらいの力加減で行うほうが効果があります。どうしても力が入ってしまう場合は、さする部位にタオルやハンカチを1枚当てた上から、優しくさすってみてください。髪の毛がない部位は、刷毛を使うのもおすすめです。

立つ、座る、どんな姿勢でやるとよい？

頭がグラつかないようにすればどんな姿勢でもできます

頭に触れられればどんな姿勢でも大丈夫ですが、深呼吸がきちんと行いやすい姿勢をとり、頭がグラつかず視線を固定できる環境で行うことをおすすめします。座って行う場合は背すじを伸ばし、姿勢を正して。寝て行う場合は枕を利用して、頭を固定します。立って行う場合は鏡を見ながら、視点や姿勢を崩さないようにして行いましょう。

毎日ではなくときどき行うだけでも効果はありますか？

ときどきでも効きます！全種類を行うのがおすすめ

大丈夫です。毎日続ければ、よい状態を持続しやすいためよりよいのですが、ときどき行うだけでも、効果は実感できるはずです。ときどき行う場合は、１種類だけ行うのではなく、ウォーミングアップから７つの骨のケアを、通しで全種類行うのがおすすめです。深呼吸と正しい方向にさすることを意識して、丁寧に行ってください。

シャンプーなどのときも、頭を強く刺激しないほうがよい？

好きなように行ってよいのでその後に頭さすりをプラス

日常生活でも頭に極端に強い刺激を与えるのは避けたほうがベターですが、シャンプーやドライヤーをかけるときなどは、効率よく行うためにも、ご自身の好きなように洗ったり、乾かしたりしてください。頭皮を強く刺激したほうが心地よいのであれば、そうしてもかまいません。その後は、頭さすりを行ってリセットするのがおすすめです。

日常生活でも予防！

頭蓋骨をゆがませる老け顔習慣を改善！

頬杖をつく、食事のときは片側の歯ばかりで噛む……。

自分でもほとんど意識していないような、日常の中のふとした動作やクセが、実は頭蓋骨のゆがみを生んでいます。ここでは、代表的なNG習慣をピックアップ。

これらを意識して改めるだけでも、頭蓋骨がゆがみにくくなり、美容と健康の悩みが減らせるはず。

そのうえで、さらに頭さすりで整えていけば、パーフェクトです！

頬杖をつくと頭の側面がゆがんで目もとの老け見えが加速する

頬杖は、あごを前に突き出しているので、頸椎《けいつい》の弯曲に負荷をかけ、それにつながる頭蓋骨もゆがませています。特に頬にある頬骨や耳まわりにある側頭骨をゆがませ、くまや目尻のしわ、目もとのくぼみといった目もとの悩みにつながっていきます。考えごとをしているときなどに、無意識にこのポーズをとっている人が多いのではないでしょうか？　頬杖をついていることに気づいたら、頭さすり全種類＋頸椎のゆがみを整えるあごアーン（P74）を行い、リセットするのがおすすめです。なお、写真のように片頬の頬杖だったら、あえて反対側でも頬杖をつき、左右を同じ状態にしてから行うのがベター。また、腹筋が弱いと頬杖をつきがちなので、腹筋を鍛えることも大切です。

言葉を飲み込むと目もと・口もとがWで老ける

………。

言いたいことを言わずに言葉を飲み込んでいると、のどの筋肉に強い負荷をかけ、うつむきがちになるため頸椎がゆがんで、頭蓋骨のゆがみを招くことに。同時に歯を食いしばっていることが多いため、特に側頭骨や上顎骨、頬骨などをゆがませます。すると、目もとのくぼみやくま、口角が下がるなど、目と口の両方が老けた印象に。頭さすりやあごア～ン（P74）を行い、頭蓋骨と頸椎の両方のゆがみを整えておくと美容の悩みが改善するばかりではなく、ネガティブな気持ちまで軽くなることが多いです。効果アップのために、あごア～ンでは、特に大きく口を開けて行うことをおすすめします。

片側ばかりで噛むとしわやシミが片側に集中して大量発生

片側ばかりで噛むクセは、顔の片側の筋肉ばかり鍛えられてしまい、左右のバランスが乱れます。すると、目や耳の高さ、エラの大きさが左右で違ってくることも。また、ゆがみの大きいほうに小じわやシミなどが集中しやすくなります。健康面でもバランスの悪さから頭痛や肩コリが現れ、慢性化しがちです。改善には意識して、これまでと逆の側でも噛むようにするのが一番の解決法。また、特にしわやシミが目立つ場所は、皮膚と皮下組織を覆う膜（ファシア→P73）とが癒着を起こしていがちなので、目もとと口もとの十字さすり（P82・84）を行い、癒着をリリースしましょう。また、あごア〜ン（P74）で首のバランスを整えるのもおすすめです。

マスクでモゴモゴしゃべるとほうれい線がどんどん深く！

コロナ禍でマスクを日常的につける。これが長期間続いた結果、多くの人が身につけたのが、あまり口を動かさずにモゴモゴしゃべるという習慣。以前は、話をしているとマスクがずれてしまったのに、最近はほとんど動かなくなった！と思い当たる方は多いのではないでしょうか？　モゴモゴしゃべりは上顎骨、側頭骨、後頭骨が特にゆがみやすくなります。美容面では、ほうれい線やマリオネットラインが目立つように。健康面ではウツウツとしやすい、便秘などが出現してきます。

改善には、頭さすり全種類＋あごア〜ン（P74）のセットを3日に1回は行うようにしましょう。特にあごア〜ンでは、口を大きく限界まで開くようにしてみてください。

横寝でスマホは目を酷使して クマくっきりの疲れ目に

くつろぎ時間に横向きに寝てスマホを見続けてしまうという方は多いと思います。こうすると、横向きで下になった側の筋肉の動きが抑制され、さらに眼球を一方向に走らせることで目を酷使するため、頭蓋骨全体のゆがみを引き起こすことに。特に頬骨と蝶形骨に大きく関与し、くまや目尻のしわなど目もとの美容トラブルが起こるほか、ホルモンバランスが乱れて肌あれやシミの発生を招きがち。この習慣をやめることが一番ですが、どうしてもやめられない方はスマホを見終わった後、目の体操をおすすめします。顔を正面に向け、眼球だけを上下左右に限界まで動かしたところで各10秒キープ。最後に目をギューッと10秒つぶって終了です。

Part_2

プラスの顔ケアでもっと！顔が若返る

頭さすりだけでも、顔のお悩みの改善は期待できます。それでも、特に気になるお悩みに対しては「もっとパワフルにケアしたい！」「もっと早く結果を出したい！」と願うもの。それには、頭さすりにプラスして「顔」のケアを行うのがおすすめ。顔を優しくさすったり、軽く動かすだけの簡単なケアで、顔がさらにいきいきと、スッキリした印象へと変わっていきます。今、気になる悩みに対応するケアを、プラスしてみましょう！

首とファシアへのアプローチで顔がもっと引き上がる、締まる！

コロナ禍で、マスクを着用して生活の大半を過ごすようになった結果、大きな口を開けて話すことや笑うことがめっきり減りました。実はあごの開閉が小さくなると、首や肩まわりの筋肉がコリ固まりやすくなります。

首コリ、肩コリは美容にとって大敵といえる存在です。首や肩がこっていると、首の付け根に存在する鎖骨下リンパ節という、リンパ循環の総元締めとなる器官がうまく機能せず、頭部の老廃物をスムーズに廃棄できなくなってしまうのです。その結果、顔色が悪くなったり、くすむ、肌の弾力を失う、皮脂バランスが乱れるなど、老け見えにつながることがたくさん生じてしまいます。

そこで、このパートでは、首まわりのゆがみを整えてコリをゆるめ、循環を促すケアをご紹介します。首まわり（頸椎）が整うことで、脊髄《せきずい》を通る神経を通じて全身に緊張緩和の信号が送られ、こわばって動きを抑制されていた筋肉がゆるみ、きちんと働くようになります。そのため、美容面だけでなく、全身が軽くスッキリするのを感じられるでしょう。

そして、首のケアのほかに、ファシアと呼ばれる顔の皮下の膜と、皮膚との癒着を集中的にリリースするケアもご紹介します。ファシアは複数の組織を覆い、分割および連結を担う、ネットのような膜です。ここに癒着が起きると、しわや、血液やリンパ液の循環の悪さによる美容トラブルが起きやすくなります。

特に気になる悩みについては、これらのケアを頭さすりにプラスして行うことで、肌のハリや透明感、引き締まったラインを内側から呼び戻していきましょう！

ファシアの癒着で循環が滞り美容に悪影響を与える

ファシアは、体内で、さまざまな組織を包んでいる膜の総称です。皮膚の下にも、組織をネットのように包んでいるファシアがあります。頭蓋骨のゆがみなどによってファシアの一部に癒着が起こると、血液やリンパの循環が滞り、しわ、くすみなどさまざまな美容の悩みを引き起こす原因となります。

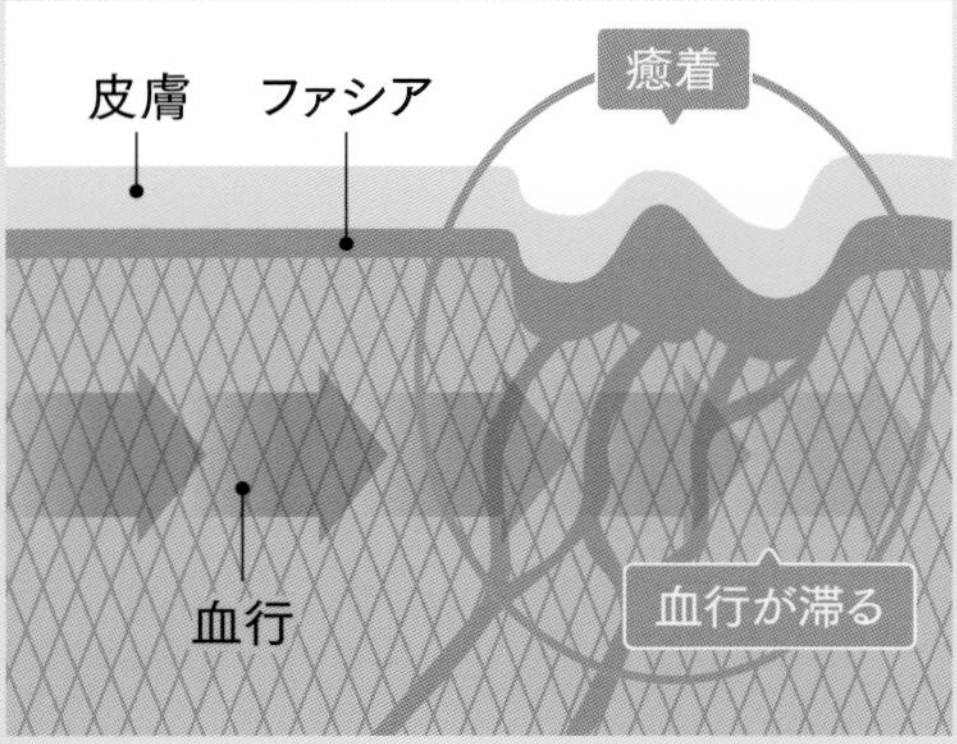

Face care

もっと！小顔＆目力UP

1

あごア〜ン

見ながらできる
ハウツー動画
∨∨∨

あごを大きく動かす、首の調整法です。
首が正しくセットされることで、頭まわりの循環がUP。
フェイスラインがスッキリして小顔になり、目がパッチリ！
やりすぎは首がゆるくなりすぎるので、3日に1回程度に。

1

手をセットして口を大きく開ける

ふだん、食べ物をよく噛む側の、後頭部の出っ張りと首との境目に、片手の中指を添える。反対側の手はVサインをつくり、中指の腹を鼻の付け根の一番凹んだ部分に、人差し指をその上の額にセット。押しすぎないように注意して。視点を前方の一点に固定し、口を大きく２回開ける。

後頭部の出っ張りと首との境目に手を添える

2 上下の歯を互い違いに横に引く

視点を前方の一点に固定させたまま、上下の歯を、左右互い違いの方向に、ゆっくりずらす。2往復させる。

2往復

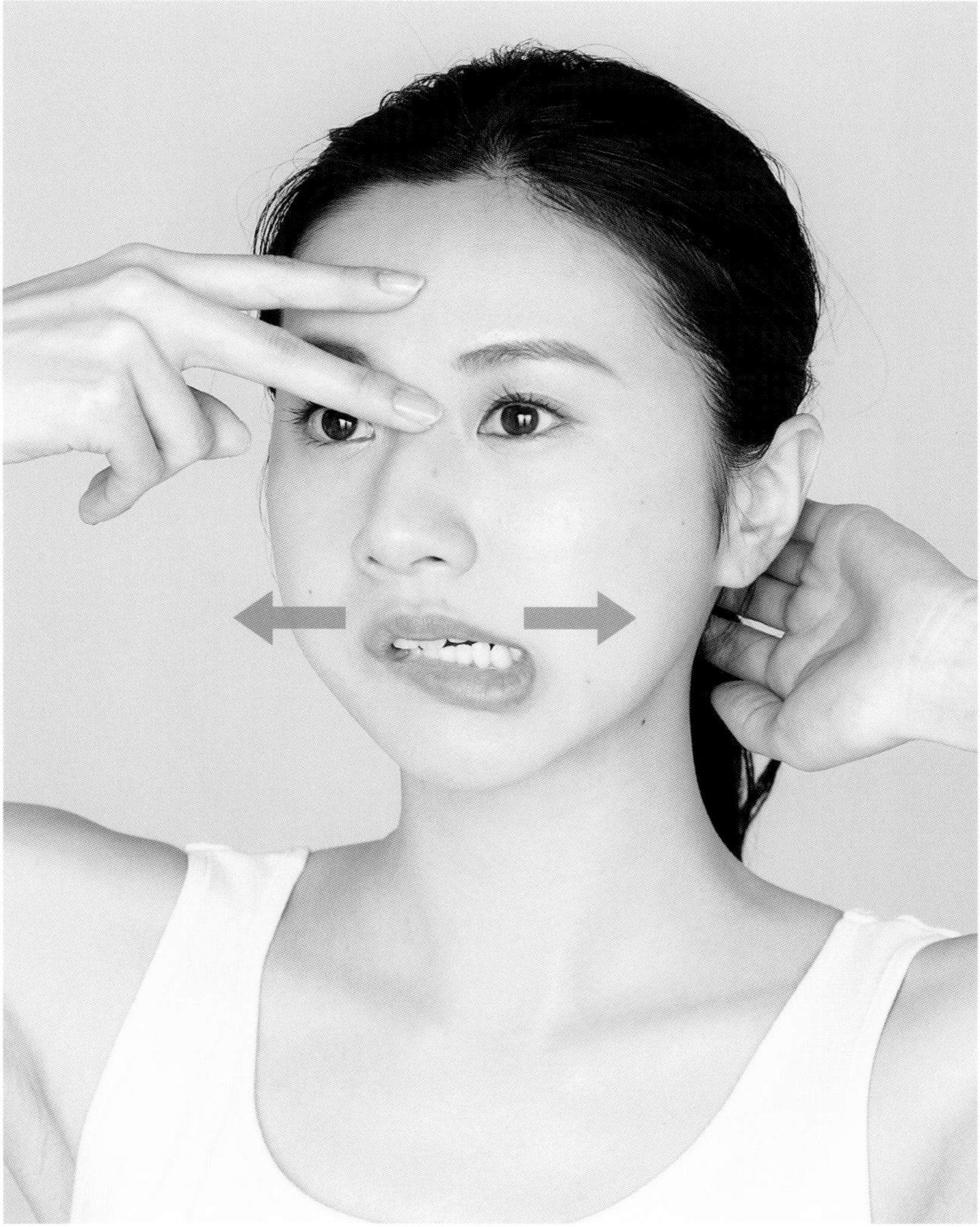

3 下の歯を前に大きく押し出す

下の前歯を意識して、前にゆっくり押し出して、戻す。２回くり返す。このときも、視点を前方の一点に固定させる。

2回

4 口を再び大きく開ける

もう一度、**1**と同様に口を大きく２回開ける。視点は、前方の一点に固定させる。**1**のときより、大きく開くようになっていることに気づくはず。

2回

Face care 2

もっと！ほうれい線を薄く

ロポカン耳回し

見ながらできる
ハウツー動画

顔の皮下のファシアの癒着をリリースし、血液やリンパ液の循環を回復させるケアです。癒着が解消することで頬が引き上がり、ほうれい線が薄く。肌が弾力を取り戻し、小じわの改善にも効果的です。

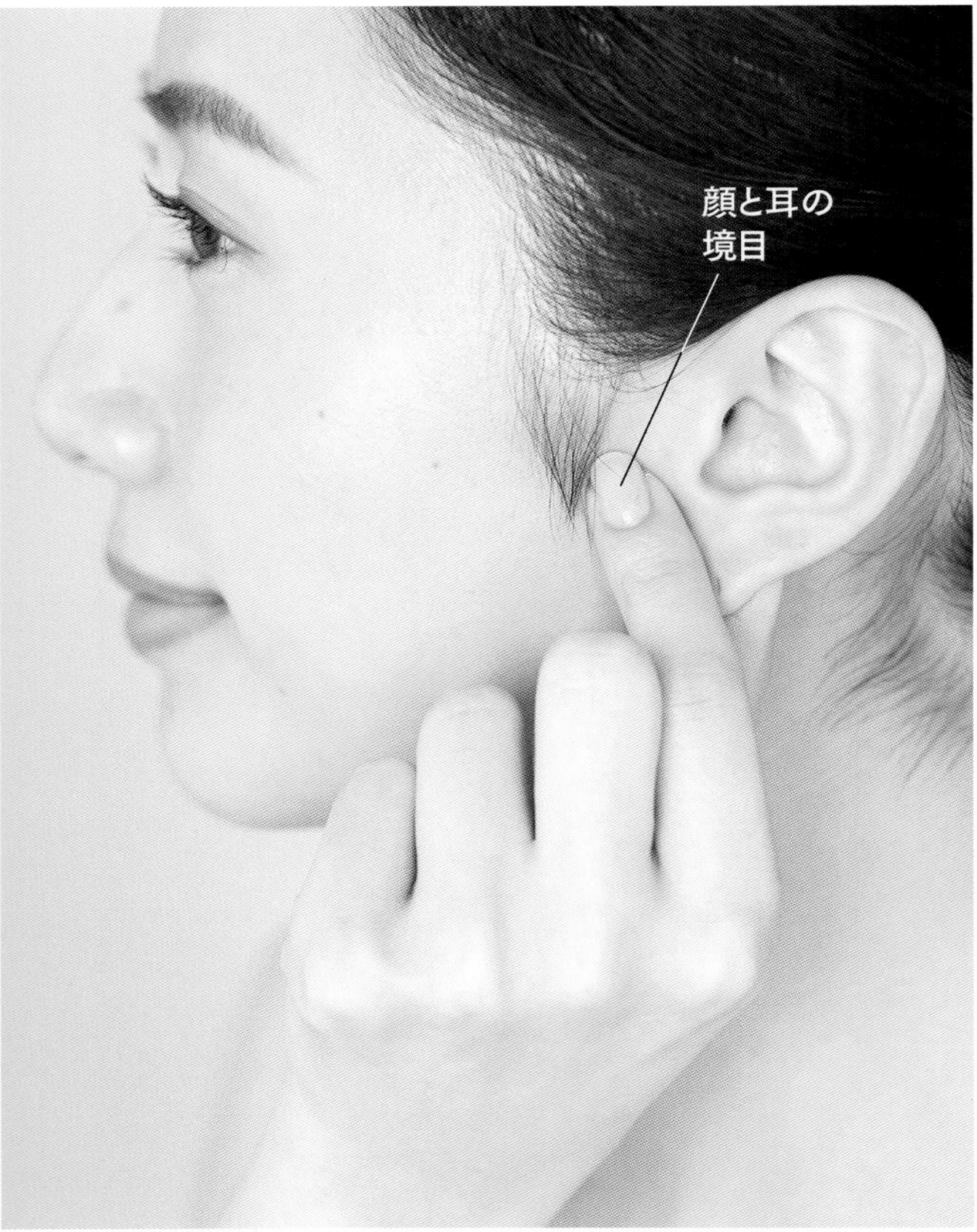

1

耳たぶをふんわりつまむ

親指を耳たぶの付け根の一番奥に、人差し指を顔と耳たぶの境目に当て、耳たぶをふんわりとつまむ。

後ろ側は…

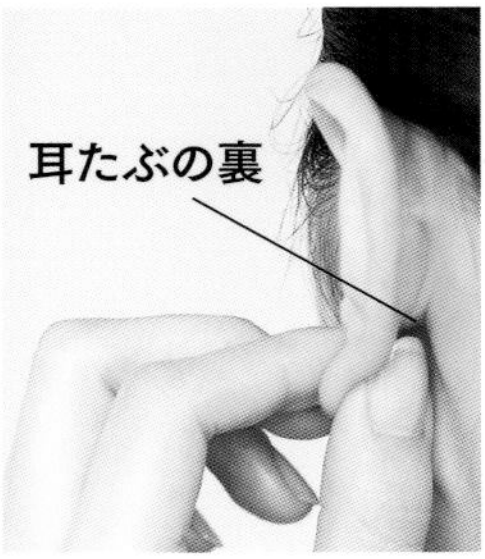

2 口をポカンと開けて耳を回す

軽く上を向き、目を開け、口をポカンと開けて、耳たぶを後方に小さな円を描くように30秒間回す。絶対に、強く引っ張ったりしないこと。最後に、耳たぶの「下頷」のツボを1秒強くつまむと、顔の引き締めに効果的。

30秒

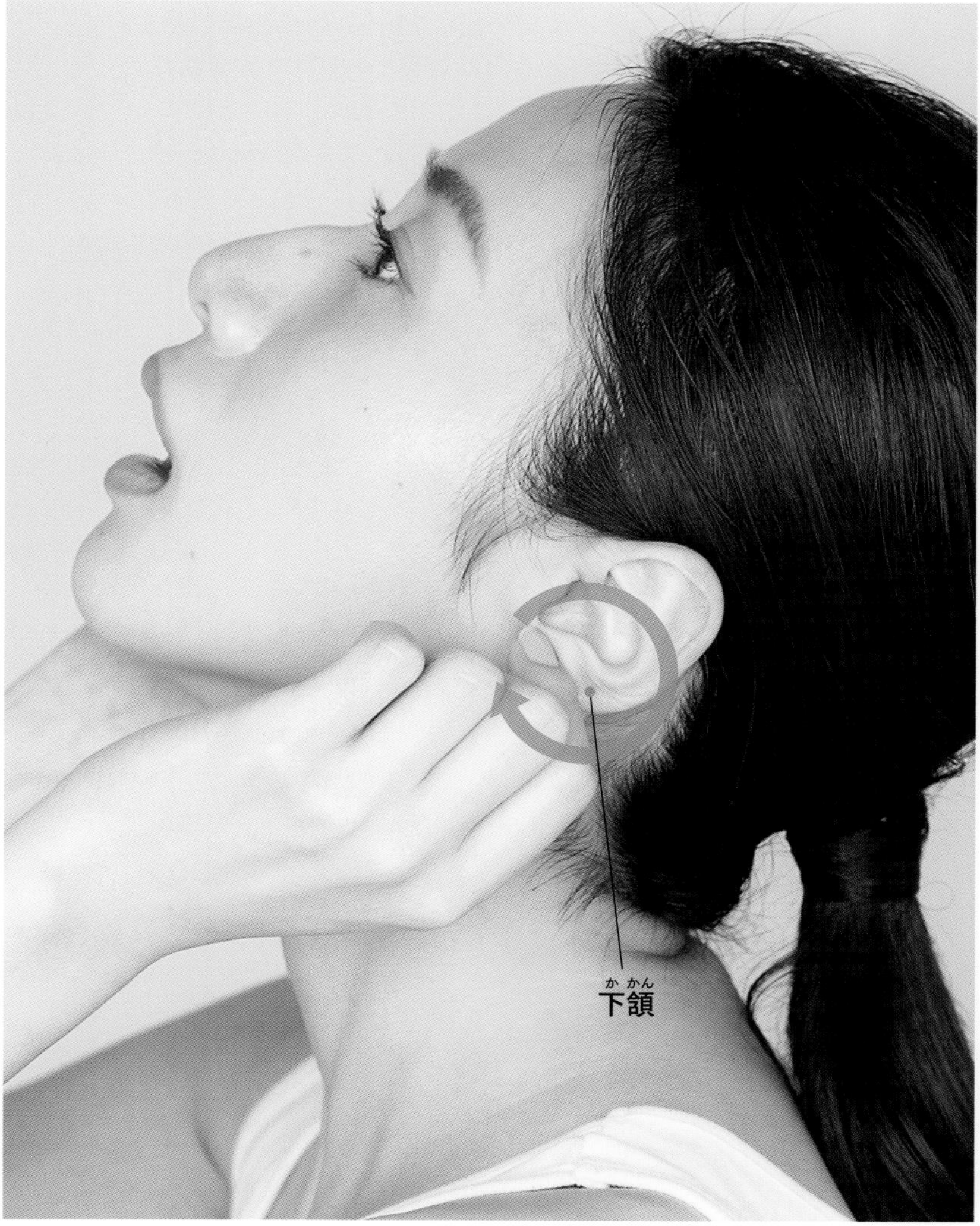

Face care 3

もっと! しわ改善&ハリUP

肌の垂直つまみ

見ながらできる
ハウツー動画

しわに対して、垂直に皮膚を軽くつまみ、スッと離すのは、皮下のファシアの癒着をとるのに効果的。表情や日常動作のクセでついてしまったしわを、ふだん動かさない方向に誘導することで改善に導きます。循環が促され、ハリもUP。

1

目の下のしわを垂直につまむ

目の下のしわのラインに対して垂直になるように、小さくつまみ上げ、スッと離す。表面の薄い皮膚をフワッと浮き上がらせ、癒着をとるイメージで行う。

2

ほうれい線を垂直につまむ

ほうれい線に対して垂直になるように小さくつまみ上げ、スッと離す。ほうれい線のラインに沿って、細かくつまんでいく。

3

首の横しわを垂直につまむ

首の横しわに対して垂直になるように、小さくつまみ上げ、スッと離す。気になる部分を細かくつまんでいく。**1**～**3**を反対側も同様に。

1～2セット

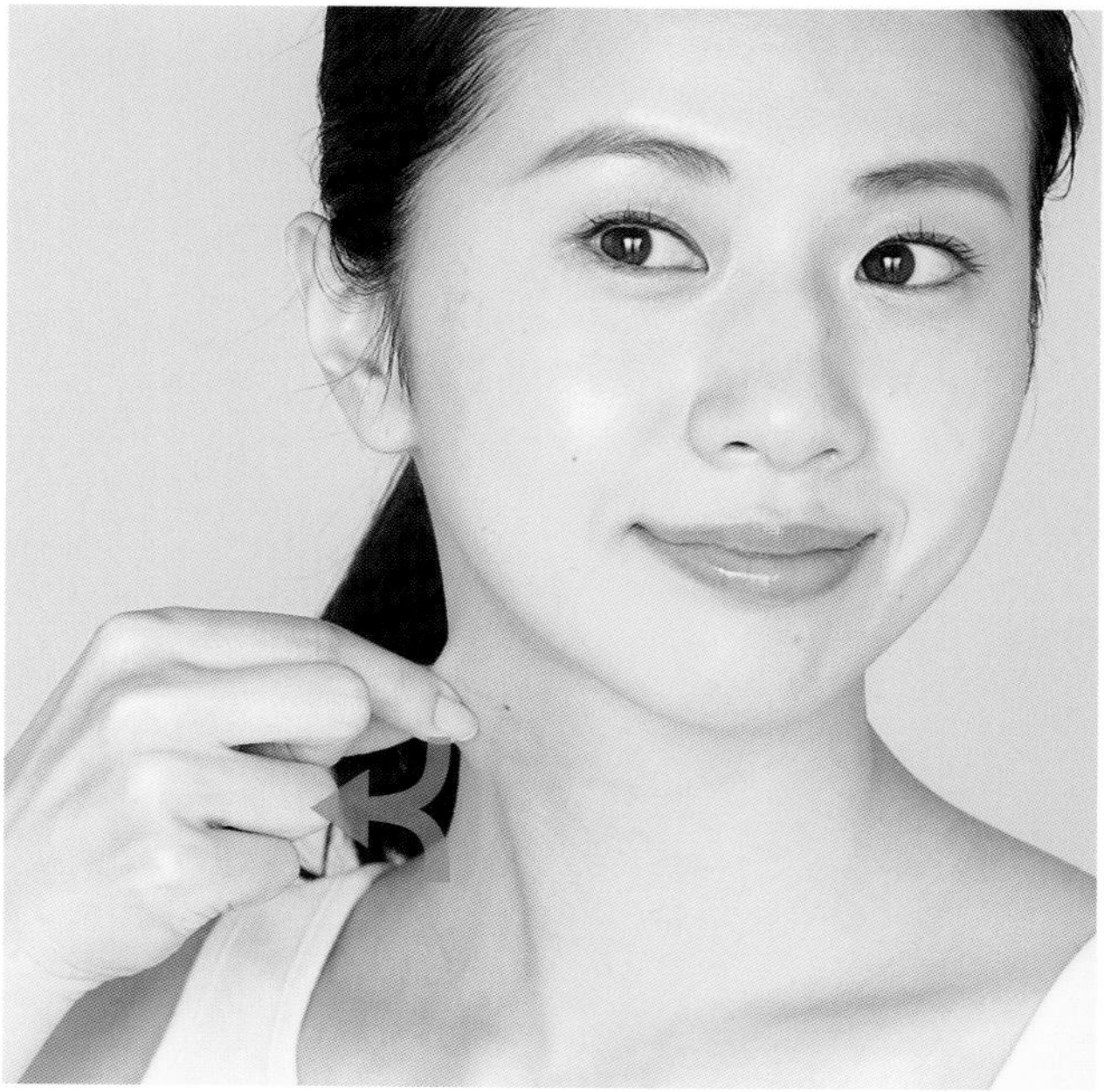

Face care 4

もっと！くま改善

目もと十字さすり

目もとを暗く見せてしまう、くま。
その大きな原因となる目の下のファシアの癒着を、
上下左右に皮膚をずらすことで、リリースしていきます。
小じわの改善にも効果的。

見ながらできる
ハウツー動画

1

指を十字に重ねてさする

片側の目の下のくまに沿うように、片手の人差し指・中指をそろえて当てる。反対側の手の指を、下の指と垂直になるよう十字に重ねる。上の指だけを動かし、指先の方向に向かって前後に約10回さする。下の指を転がし、その振動を皮膚に伝えるイメージで行う。

10回

2 指を上下入れ替えてさする

指を上下入れ替える。上の指だけを動かし、指先の方向に向かって前後に約10回さする。反対側も同様に。

10回

Face care 5

もっと！口もとのしわ解消

口もと十字さすり

見ながらできる
ハウツー動画

口もとのしわも、皮下のファシアの癒着が関与します。急にやせたり、人との会話が減ったりすると、てきめんにしわとして表れやすい部位。十字さすりを行い、ファシアのリリースと保湿も心がけたい部位です。

1 指を十字に重ねてさする

片側のほうれい線に沿うように、片手の人差し指・中指をそろえて当てる。反対側の手の指を、下の指と垂直になるよう十字に重ねる。上の指だけを動かし、指先の方向に向かって前後に約10回さする。下の指を転がすイメージで行う。

2 指を上下入れ替えてさする

指を上下入れ替える。上の指だけを動かし、指先の方向に向かって前後に約10回さする。下の指はその振動を皮膚に伝えるイメージ。反対側も同様に。

Face care 6

もっと!
くすみ&むくみOFF

鎖骨十字さすり

見ながらできる
ハウツー動画

鎖骨の下にあるリンパ節は、全身のリンパの流れを司る重要な部位です。肩コリや猫背によって鎖骨の下のファシアが癒着を起こしていると循環に支障をきたし、くすみやむくみに。リリースして本来の働きへ!

手のひらを重ねてさする

鎖骨の下に、骨に沿って軽く押しつけるように片手を当てる。反対側の手を、下の手と垂直になるよう十字に重ねる。上の手だけを動かし、指先の方向に向かって前後に約10回さする。手を上下入れ替えて同様に行う。反対側も同様に。

各10回

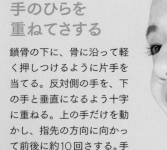

Column

美容の悩みは体の不調のサイン

シミが増えた

肝臓の機能が落ち、皮膚の恒常性維持に必要な栄養素が機能の回復のために消費されることで、皮膚が劣化しやすく、色素の調整をするメラトニンも多く生成されすぎてシミとなります。タオルでゴシゴシ拭いたりする強い摩擦を避け、保湿を心がけましょう。また、肝臓をサポートする柑橘類の摂取もおすすめです。

くまが目立つ

腎臓が疲れているサインです。目の下は腎臓の反射区。疲労がたまって腎臓が疲れると、反射区が凹み、くまとして目立ちます。これは、人前に出るより休んでほしいという腎臓からのお願いかもしれません。目もと十字さすり(P82)でのケアのほか、水分をしっかり摂り、睡眠時間を確保することをおすすめします。

唇の色が黒っぽい

下唇が黒っぽかったり、黒いシミのようなものが出ている場合、東洋医学で瘀血《おけつ》(血が滞り老廃物がたまっている)と呼ばれる状態。主に下腹やそけい部、子宮まわりの瘀血を表す部位なので、冷え、むくみを実感していることが多いです。後頭骨をさすると共に、下腹を温めたりマッサージするのがおすすめです。

ほうれい線が急に深くなった

口の両わきは膀胱の反射区に当たります。そのため、ほうれい線が急に深くなったという場合は膀胱の下垂や弛緩、括約筋の衰えのサイン。尿もれや頻尿に悩まされていませんか？　口もとをキュッと引き締めるよう心がけたり、息を10～20秒かけて細く吐きながら下腹を凹ませて、腹筋を鍛えるのもおすすめです。

眉間やひたいのシワが深い

眉間の縦シワは心に負担を感じていることを表します。ウツウツとして、笑えていないのではないですか？　また、背中を丸めて下を向いてばかりいませんか？背中を丸め、背筋を硬くさせてしまうと、頭皮の筋膜が引っ張られ、ひたいに横しわが出ます。上を向き、気分転換するように心がけましょう。

毛穴の開きや黒ずみが目立つ

古くなった赤血球を処理する、脾《ひ》臓のSOSサインです。脾臓の機能低下によって血液の酸化が進み、その状態からつくられる細胞や皮脂は質が低下しているため、毛穴が開いたり、黒ずんだりしやすくなります。改善には、抗酸化作用のあるビタミンC・鉄分・ポリフェノール類の摂取をおすすめします。

がんばってお手入れはしているはずなのに、なかなか改善しない美容のお悩み。

それはもしかしたら、内臓のSOSサインかもしれません！

顔にも反射区があるという考えがあり、

全身の臓器の状態が反映されているのです。

小鼻に脂が浮く

顔全体は乾燥しているのに小鼻だけ脂が浮く、同時に体にかゆみがある、慢性疲労を感じていたりしませんか？　これらは胆嚢《たんのう》のSOSサイン。脂っこいものを食べすぎたり、ストレスで不満をため込んでいると、油の分解を担当する胆嚢の機能が乱れがち。低脂肪食、規則正しい食事時間を心がけ、ストレスの発散を。

吹き出ものができた

吹き出ものは、現れる部位によって、それぞれ異なる不調を示しています。たとえばひたい中央にできたら、ストレス過多のサイン。上頬は免疫力低下、下頬は腸内環境の悪化、下あごは女性ホルモンが乱れ、月経トラブルや更年期の不調が出やすくなっている可能性を表します。それぞれのケアを心がけましょう。

Part_3

頭さすりで体の不調も整える!

頭さすりは美容だけではなく、健康づくりにもとてもおすすめの方法です。このパートでは特に気になる健康のお悩みに対して、頭さすりにプラスするとさらに効果的な「体」のケアを紹介します。お腹や背中をさすったり、手足を軽く動かしたりするだけで、体がもっとスッキリ！そして、誰かとペアになって頭さすりをやってあげる「ペアさすり」の方法もご紹介。日々のリラックスや介護にもおすすめのメソッドなので、ぜひお試しを！

頭さすりと一緒に！

プラスのゆるめケアでよくある不調をラクにする

日常で多くの方が悩まされがちな不調を改善したいとき、頭さすりを行うだけでも効果があります。

でも、特に気になる不調がある、早くなんとかしたいというときは頭さすりに加えて、不調を感じる部位やその周辺にアプローチする、プラスケアを行ってみましょう。不調を感じる部位は皮膚や筋肉が硬くなっていることが多いため、そこをさすったり、体を軽く動かしたりして、ゆるめることが効果的です。

また、耳や手にも、内臓や筋肉と対応する反射区があり、そこを同時にケアするのもおすすめです。

不調が長く続いたり、いつもと違う場合には、医療機関で受診するようにしましょう。

便秘・ガス腹

HERE!

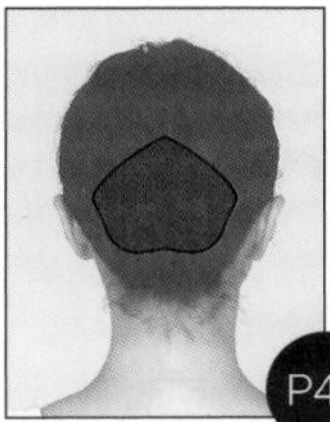

P46

後頭骨が関係！

大腸・小腸の反射区である後頭骨がゆがみ、骨まわりが硬くなると胃腸の動きは停滞します。頭さすりで後頭骨が正しい位置に整うと、グルグルと腹鳴が聞こえ、腸が動き出したのがわかることも。
頭さすりと併せて、後頭骨とつながる首をゆるめるケアと、胃腸不良が続くことで緊張し、皮下組織を包む膜（ファシア）が癒着しているお腹を、さすってゆるめるケアがおすすめです。

お腹の筋膜さすり

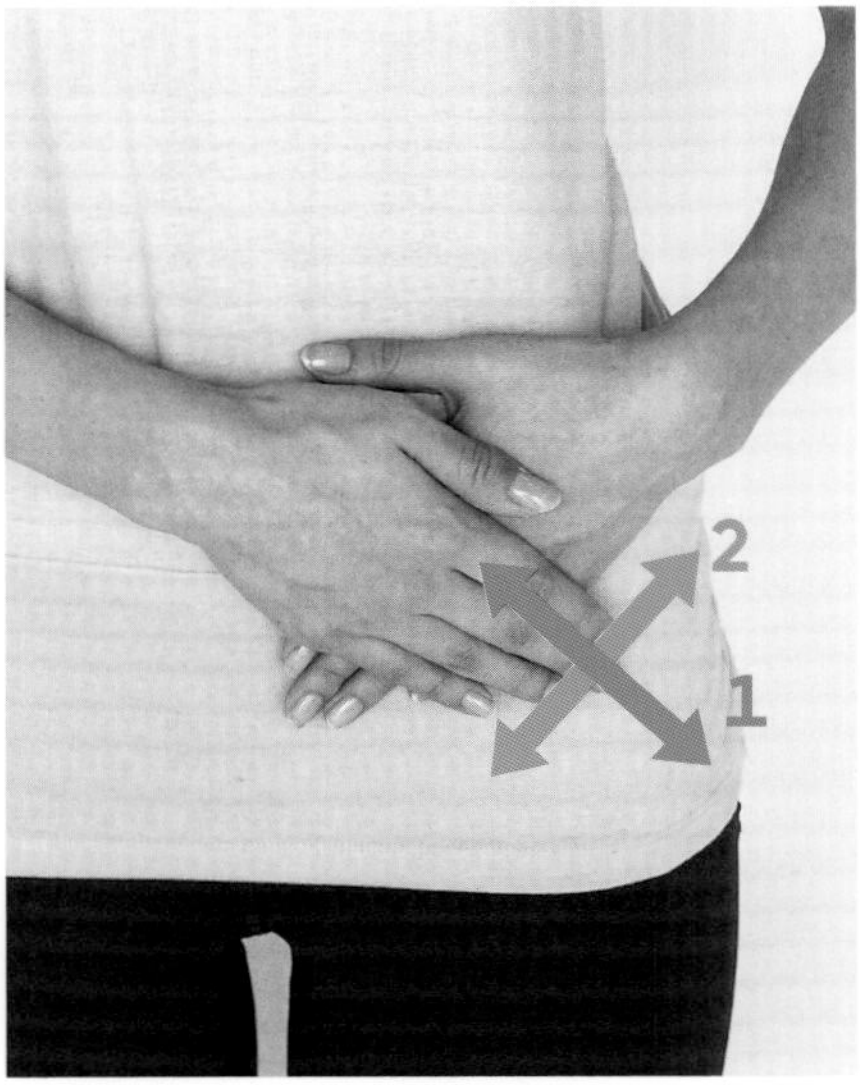

下腹部の張りを感じる部位に片手を当て、反対の手を十字に交差するように重ねる。上の手だけを動かし、指先の方向へ前後に10回揺らす。手を上下入れ替え、指先の方向へ前後に10回揺らす。

各10回

首の後ろの皮膚ゆるめ

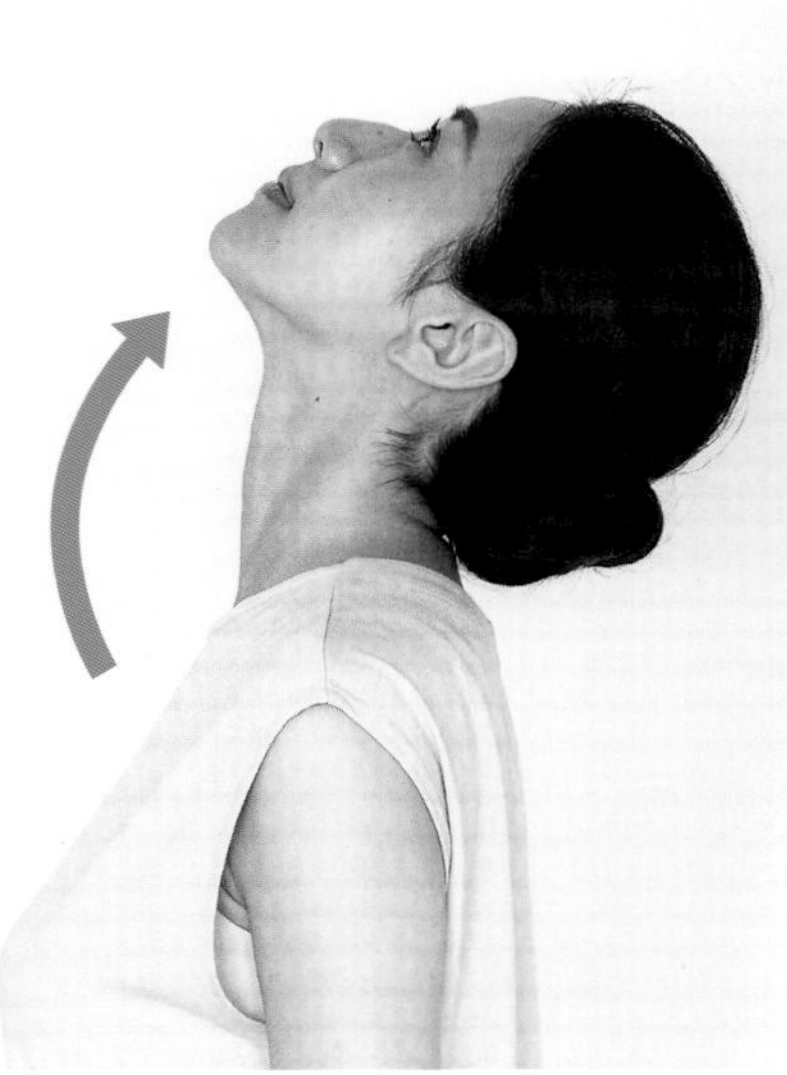

背すじを伸ばし、姿勢を正した状態で真上を向く。息を止めずに、ゆっくりと呼吸を続けながら10秒キープ。2回くり返し。

10秒×2回

免疫力低下・足がつる

HERE!

P48

**頭頂骨が
関係!**

頭頂骨は副腎とふくらはぎの反射区でもあります。
ここがゆがみ、骨まわりが硬くなると免疫力の低下を招いたり、
だるかったり、足がつりやすくなったりします。頭さすりの
プラスケアとして、胸の中心の胸骨まわりをさすってほぐし、
リンパの流れる道を確保することで、免疫力のフォローを。
副腎まわりの皮膚もさすって血流を促し、免疫の機能をアップ。

胸骨さすり

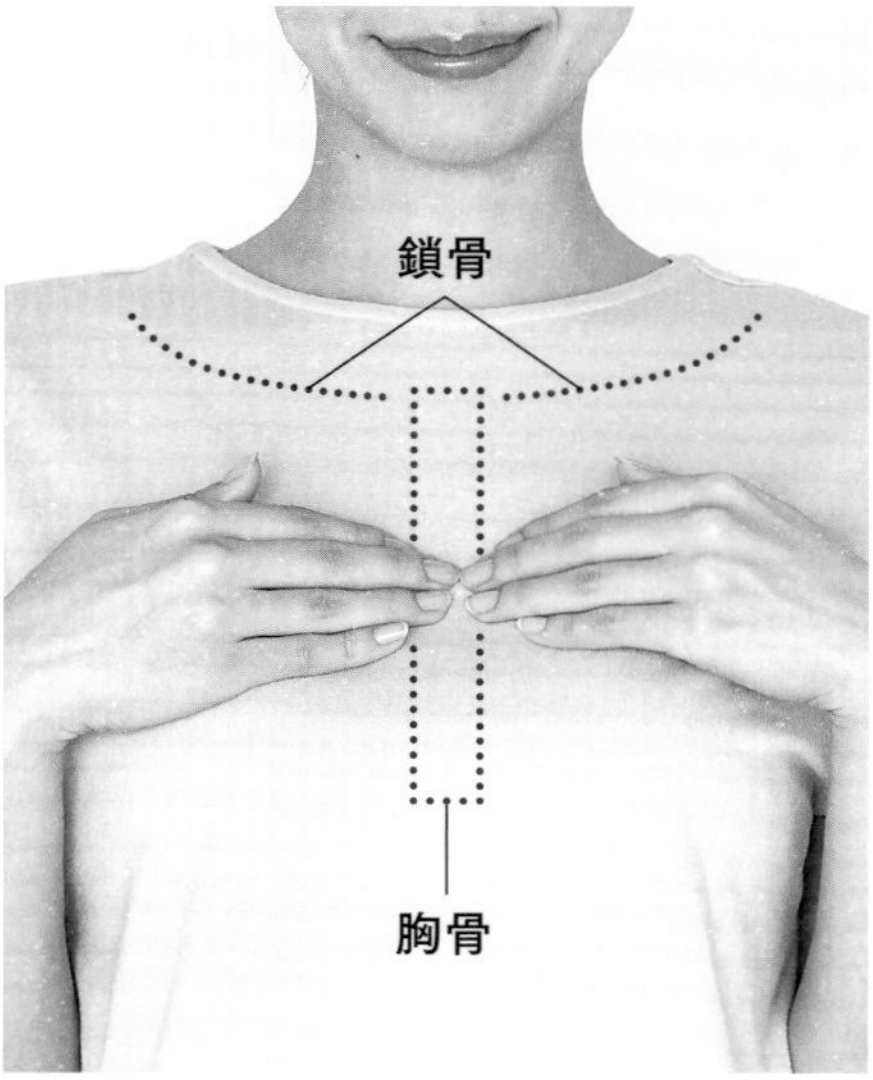

1 前胸部の中央にある、平らな骨が感じられる部分が胸骨。この中央に、両手の人差し指・中指・薬指の腹を当てる。

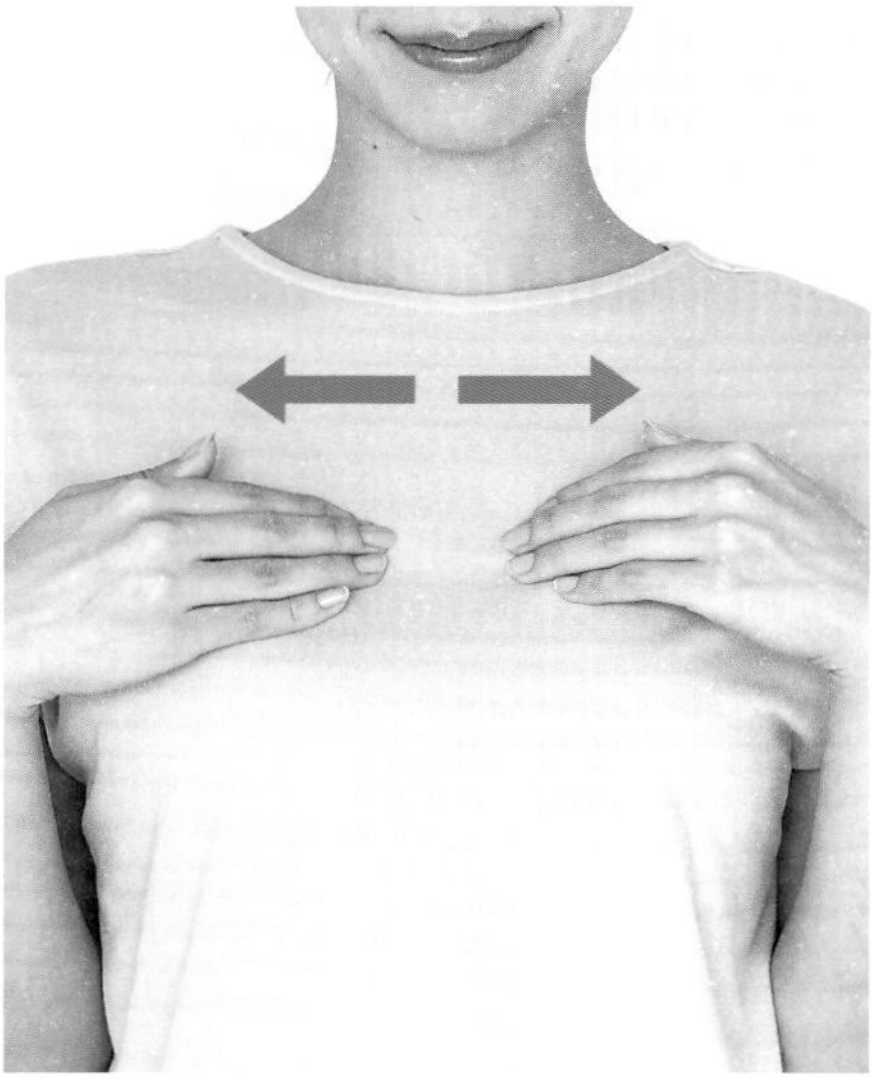

2 ふすまを開けるようなイメージで、指先を使って中央から外側へ5㎝ほどさする。指を少しずつ上下に移動させながら、胸骨の上をまんべんなくさする。

1 セット

副腎さすり

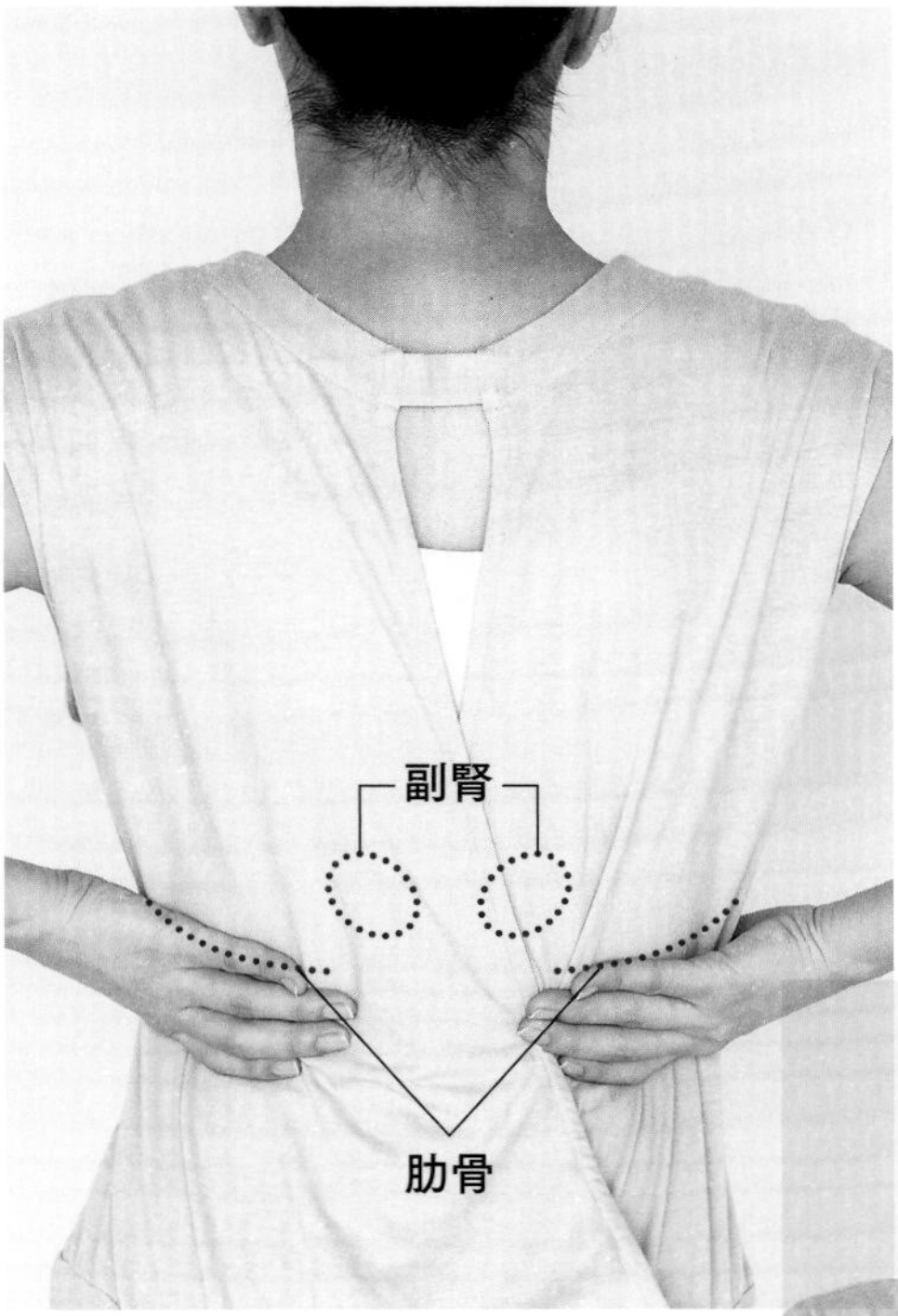

1

副腎は背中側の肋骨の下部の、背骨寄りにある。そこを目標に肘を曲げ、両手を背中に添える。

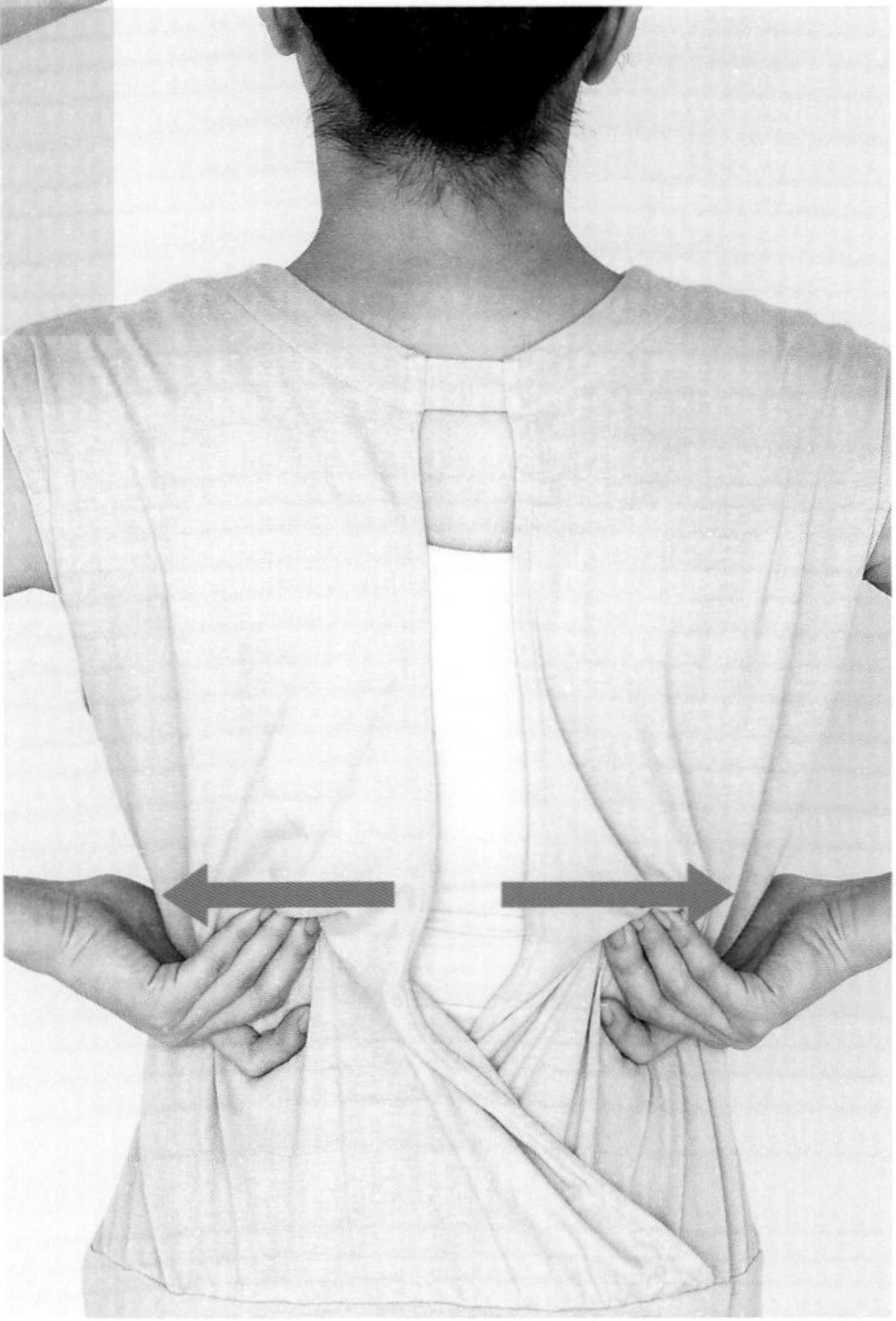

2

姿勢を正し、中指・薬指・小指の３本を使って、背中を中央から外側にさする。10回くり返し。

10回

解毒力低下・朝がつらい

HERE!

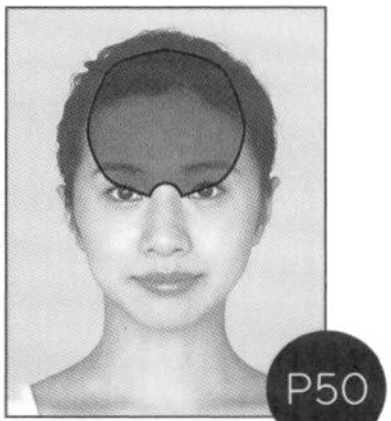

前頭骨が
関係！

前頭骨がゆがむと、肝臓の機能に影響が出ます。
肝臓はアルコールの分解、解毒、血液の浄化などを担うので、肝臓が弱ると疲れが抜けにくくなり、朝起きるのがつらくなりがち。肝臓のSOSを感じたら、前頭骨さすりは必須です。
そしてプラスケアとして、肝臓のある部分をさする・たたくケアで肝臓の血流を促し、機能アップを目指しましょう。

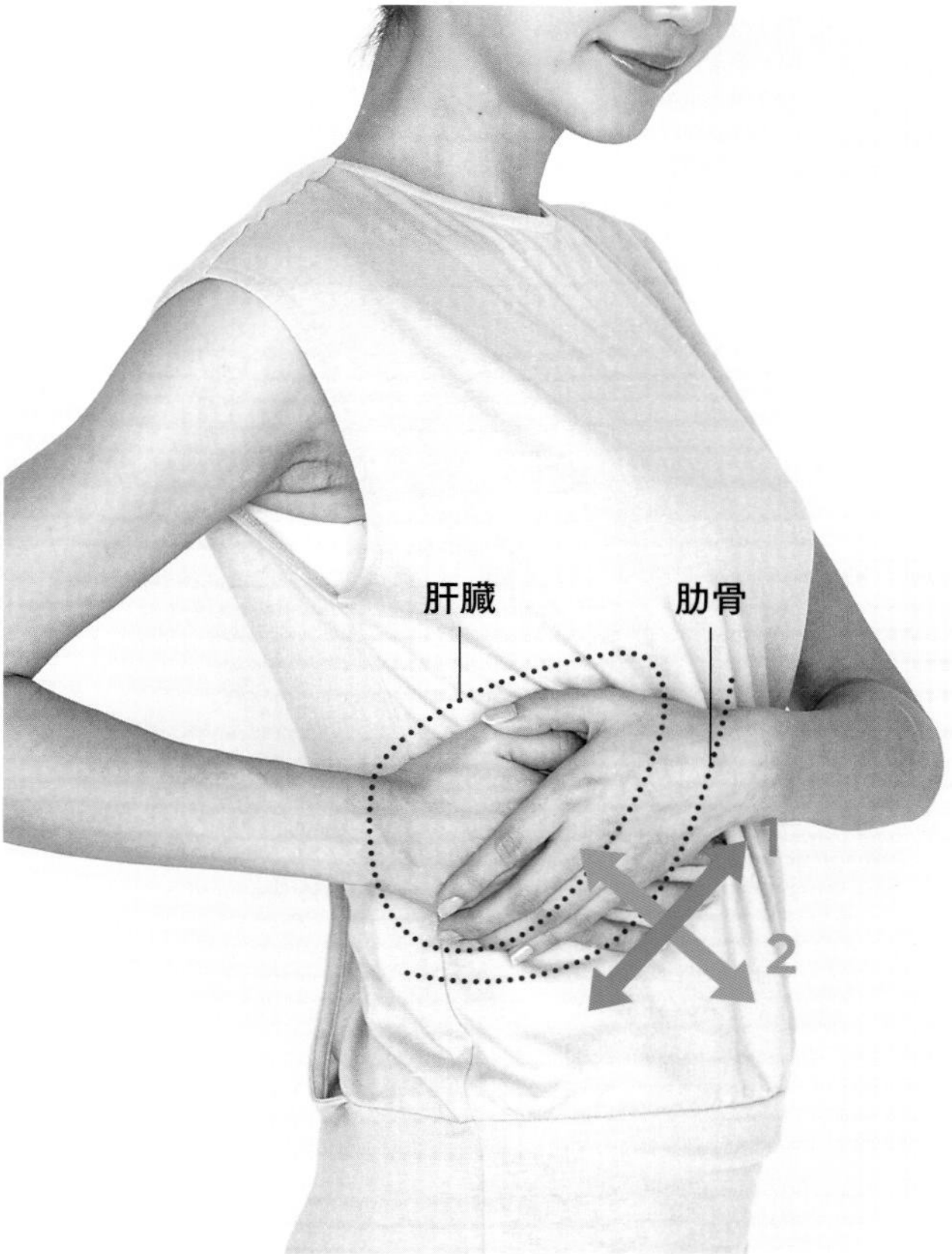

肝臓さすり

右脇腹より少し上の肋骨が目立つ部分に肝臓がある。そこに、左右の手のひらを十字に重ね。上側の手を動かして、指先の方向にさすって戻すのを10回くり返す。手を上下入れ替えて、同様に指先の方向にさすって戻すのを10回くり返す。

各10回

肋骨トントン

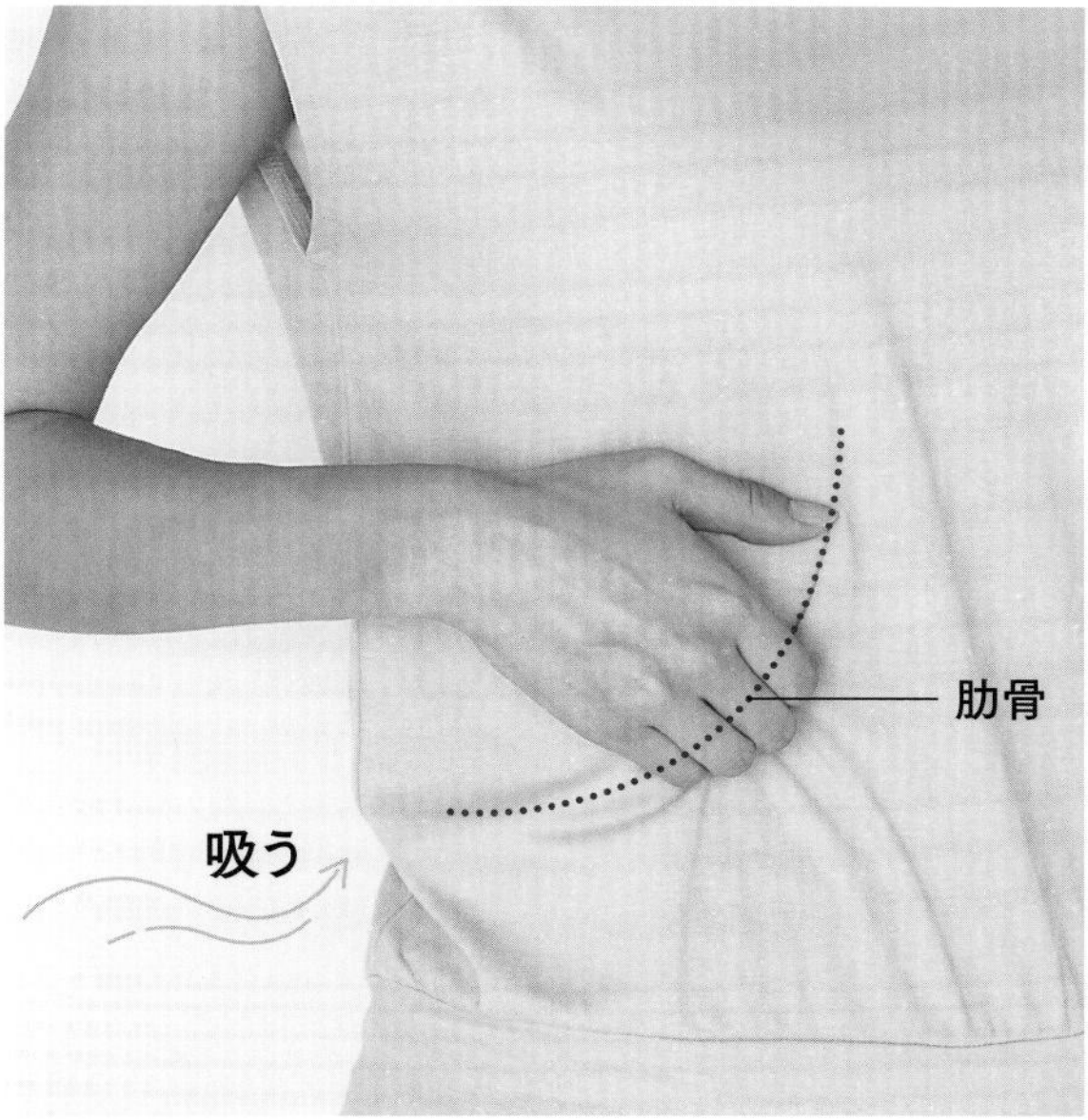

1

息を大きく吸いながら、右側の肋骨の下側を、手の指ですくい上げるように軽く持ち上げる。

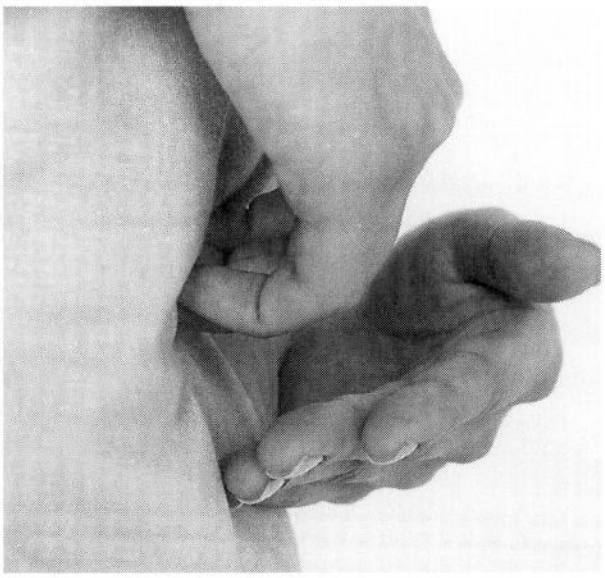

肋骨の下に指を入れる

2

息を吐きながら、左手で、肋骨をすくい上げている右手の指を、下から軽くトントンと５回たたく。右手の指を通じて肋骨の奥に刺激を送り、肋骨と肝臓の癒着をとるイメージで行って。２セットくり返す。

2セット

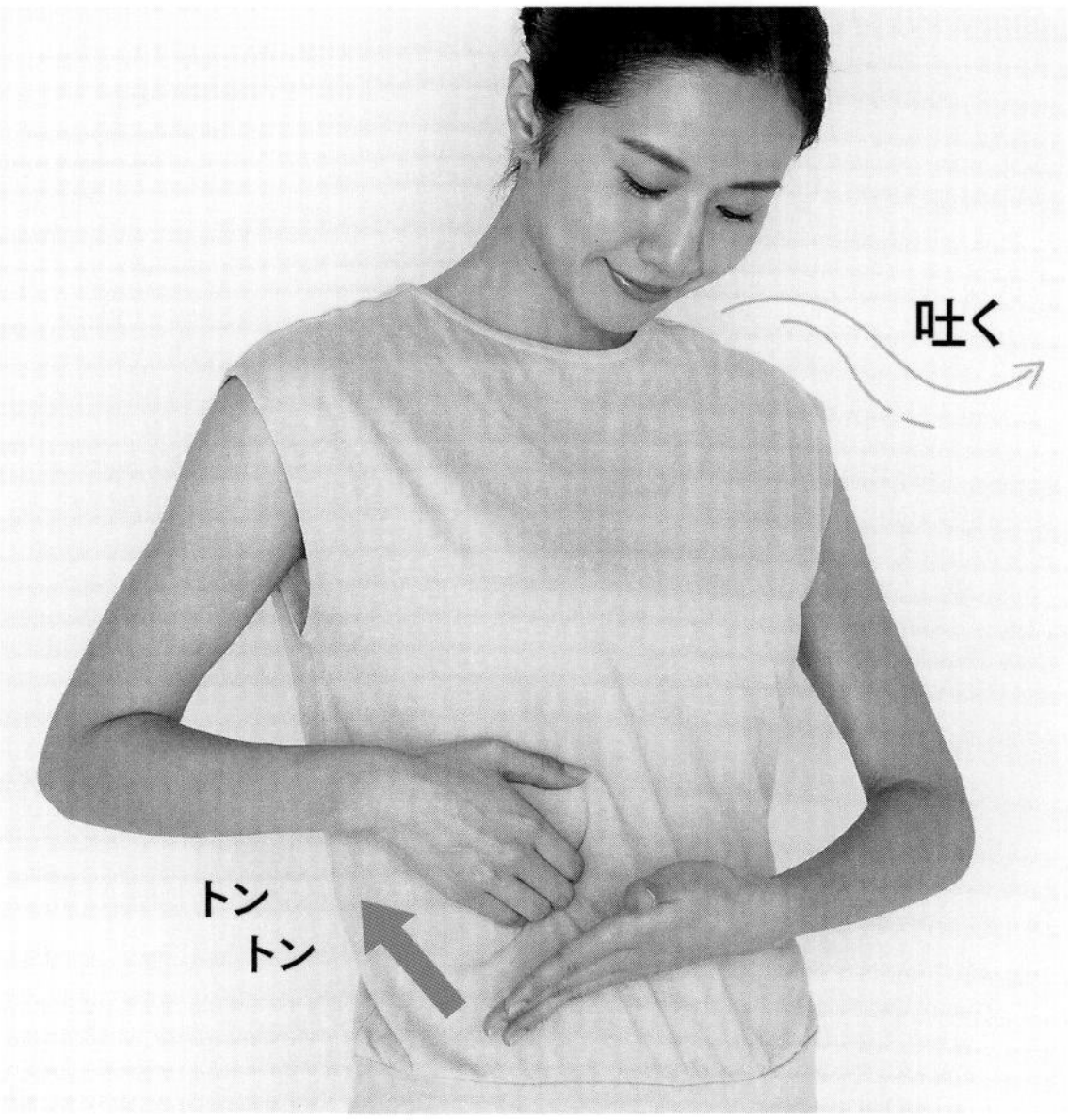

肩が上がりにくい

HERE!

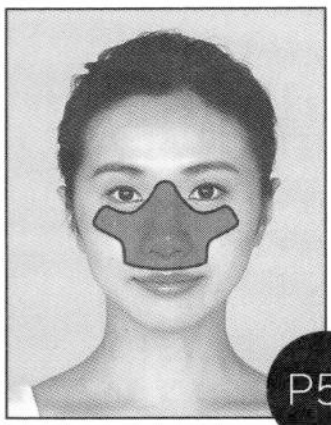

P52

上顎骨が関係！

上顎骨は肺の反射区であると同時に、肺のまわりの三角筋、前鋸《ぜんきょ》筋など肩を構成する筋肉の反射区です。そのため上顎骨がゆがむと、肩が上がりにくくなりがち。深呼吸と共に上顎骨さすりを行ったら、耳の上部にある肩・腕の反射区もさすりましょう。関節に油をさしたような潤いを感じ、肩が上がりやすくなります。さらに鎖骨の下をほぐせば、もっと肩が軽く！

耳さすり

耳たぶの上の部分から、外側のふち（耳輪）が肩〜手の反射区。上がりにくい肩と同じ側の耳の該当部分を、親指と人差し指で挟み、20秒くらいかけてまんべんなく、優しくさする。皮と中の軟骨組織の癒着をはがすイメージで行い、絶対に強くもまないことがコツ。

20秒

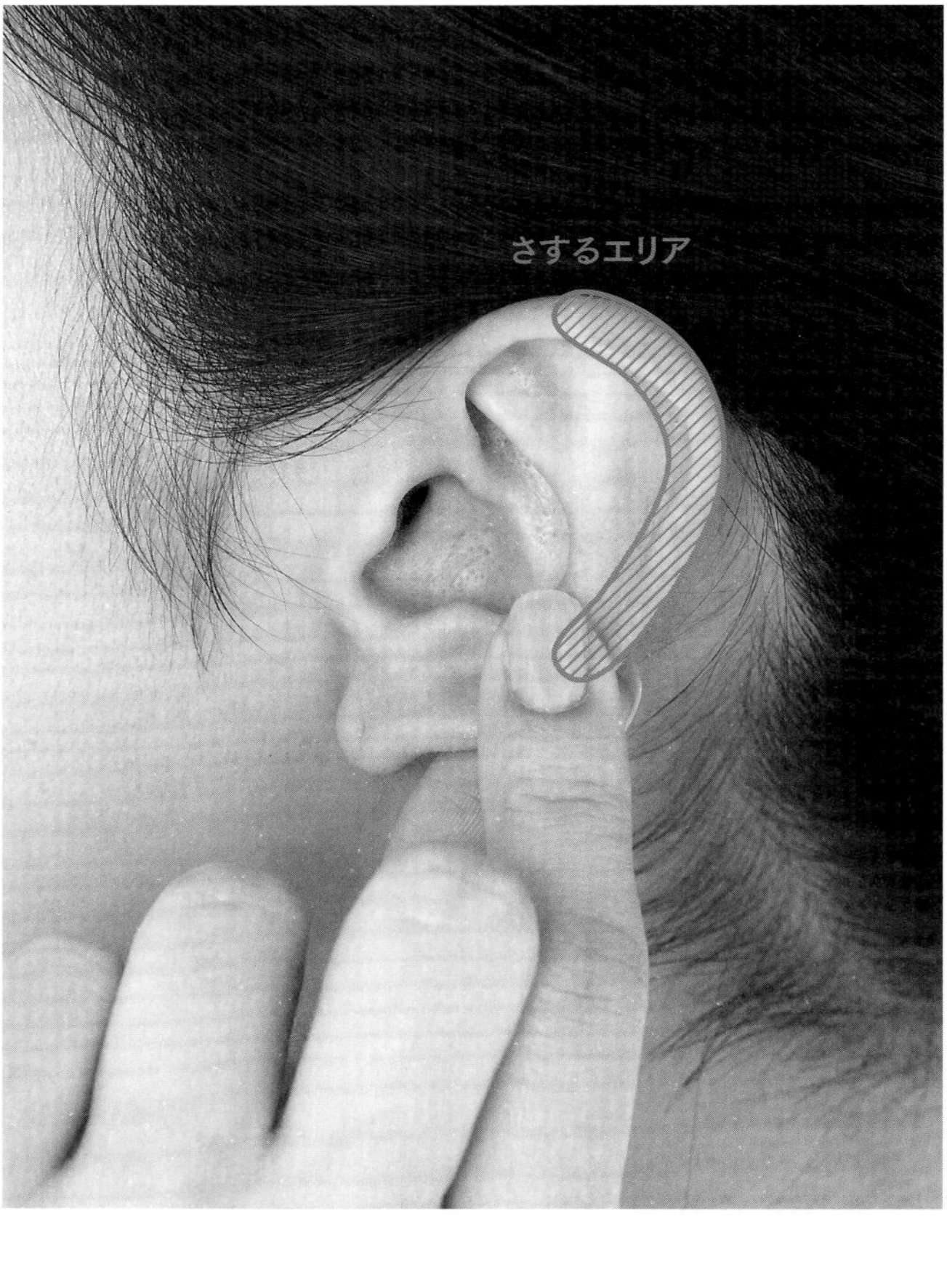

鎖骨の下ほぐし

1

上がりづらい肩のほうで行う。鎖骨の下のくぼみの、外側の端を反対の手で押さえ、その手ごと少し中央に皮膚を引き寄せておく。

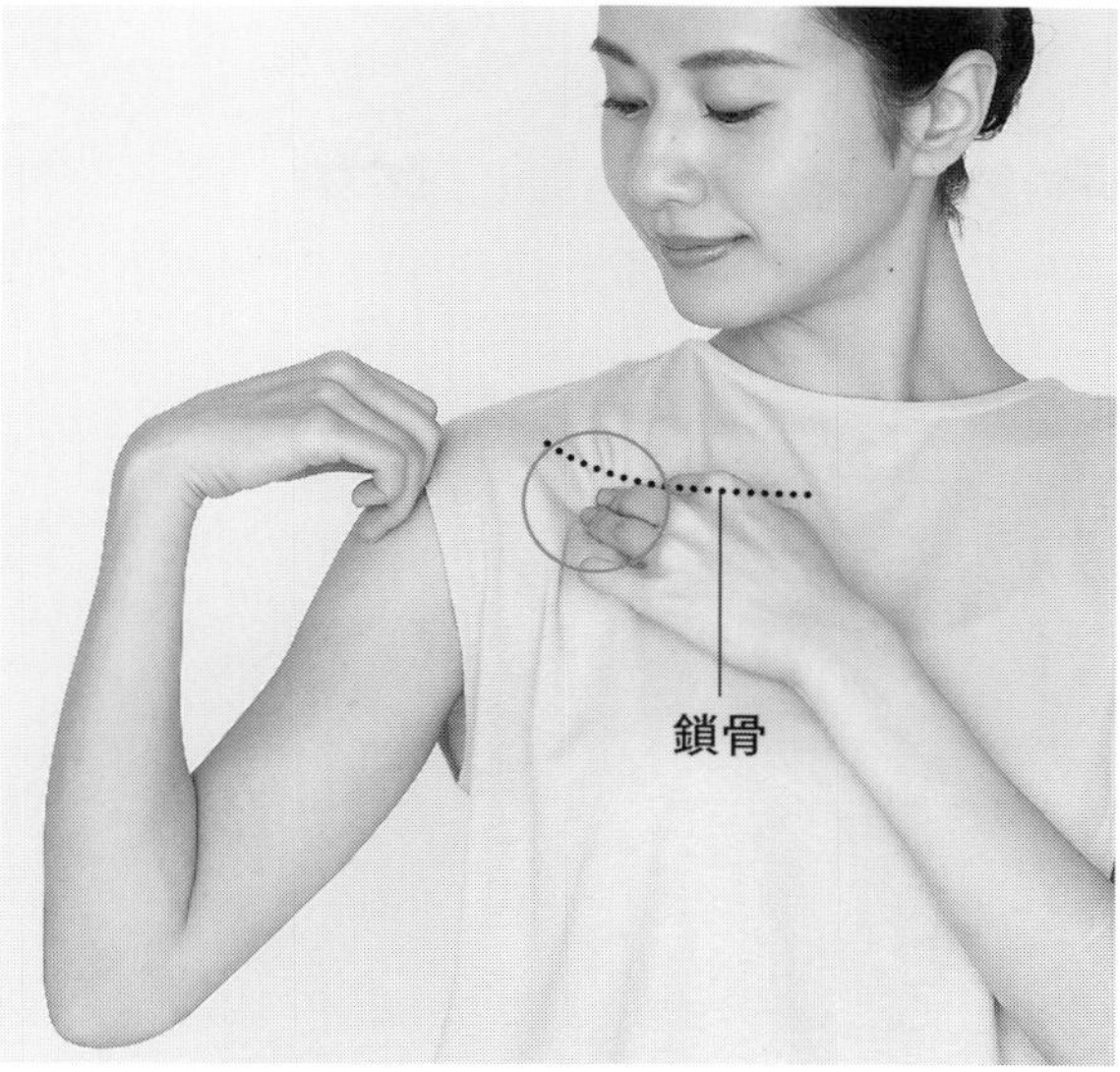

2

肘を曲げ、後ろ方向に３～５回転。鎖骨の下を押さえる位置を中央、内側の端とずらして同様に行う。鎖骨の下がほぐれることが目標。

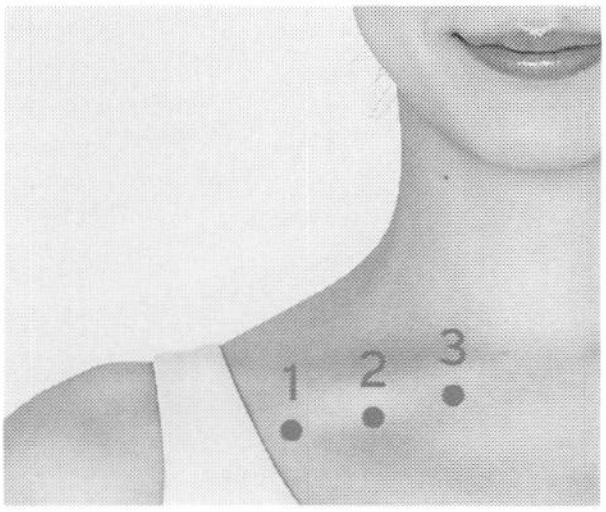

押さえるポイントを変えていく

各３～５回転

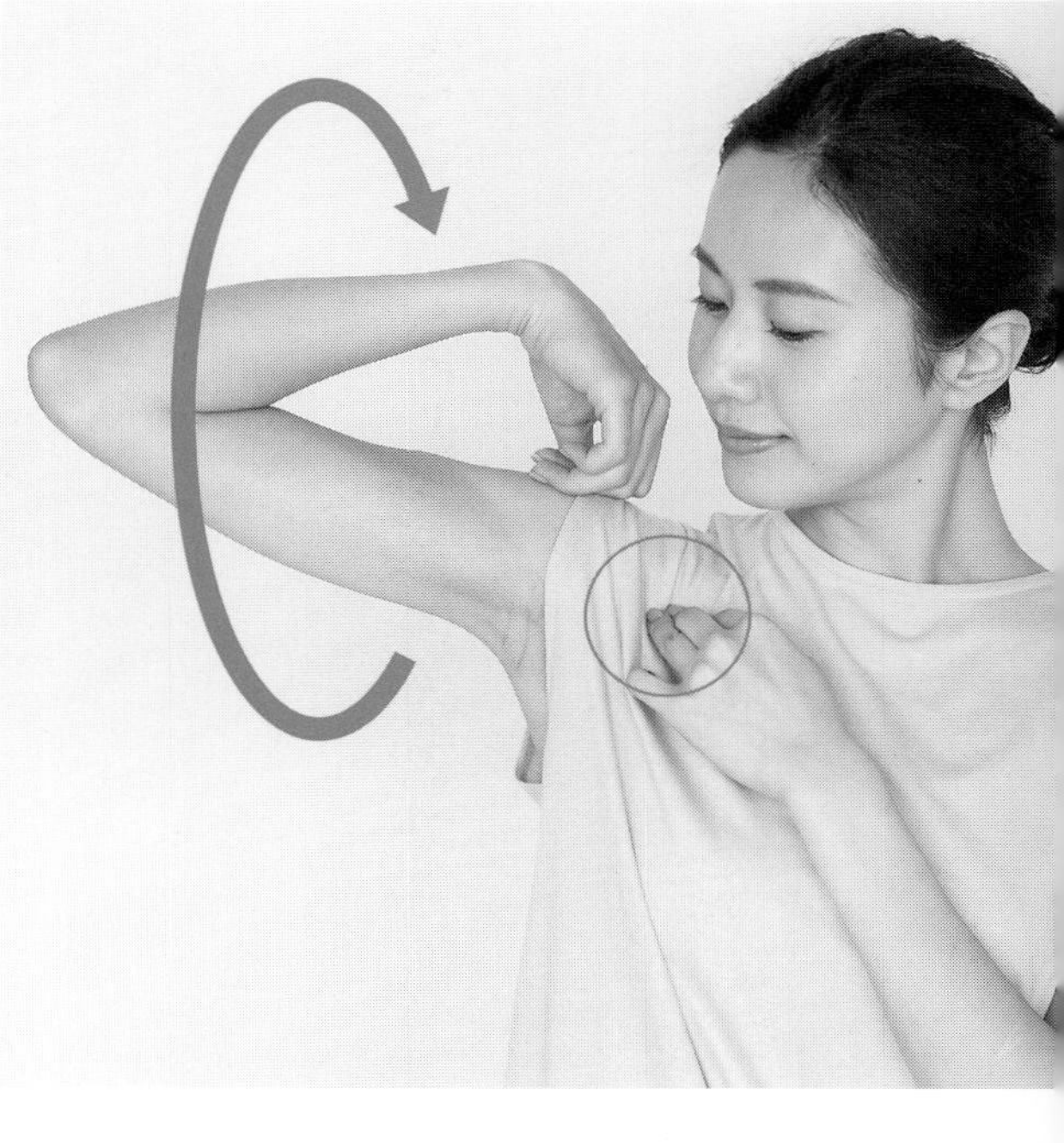

背中の張り・腕のだるさ

HERE!

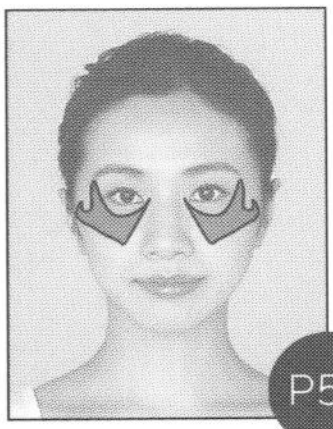

P54

頬骨が
関係！

頬骨は広背筋、上腕三頭筋の反射区でもあります。頬骨のゆがみが背中や腕に影響して背中の張りや腕のだるさを引き起こし、反対に背中や腕のこわばりから頬骨がゆがむことも。プラスケアとして、頭さすりの前に腕をほぐすケアを行うのがおすすめ。通常はほとんど行うことのない、違和感のある動作を行うことが脳への刺激にもなり、効果が高まります。

手首水平回し

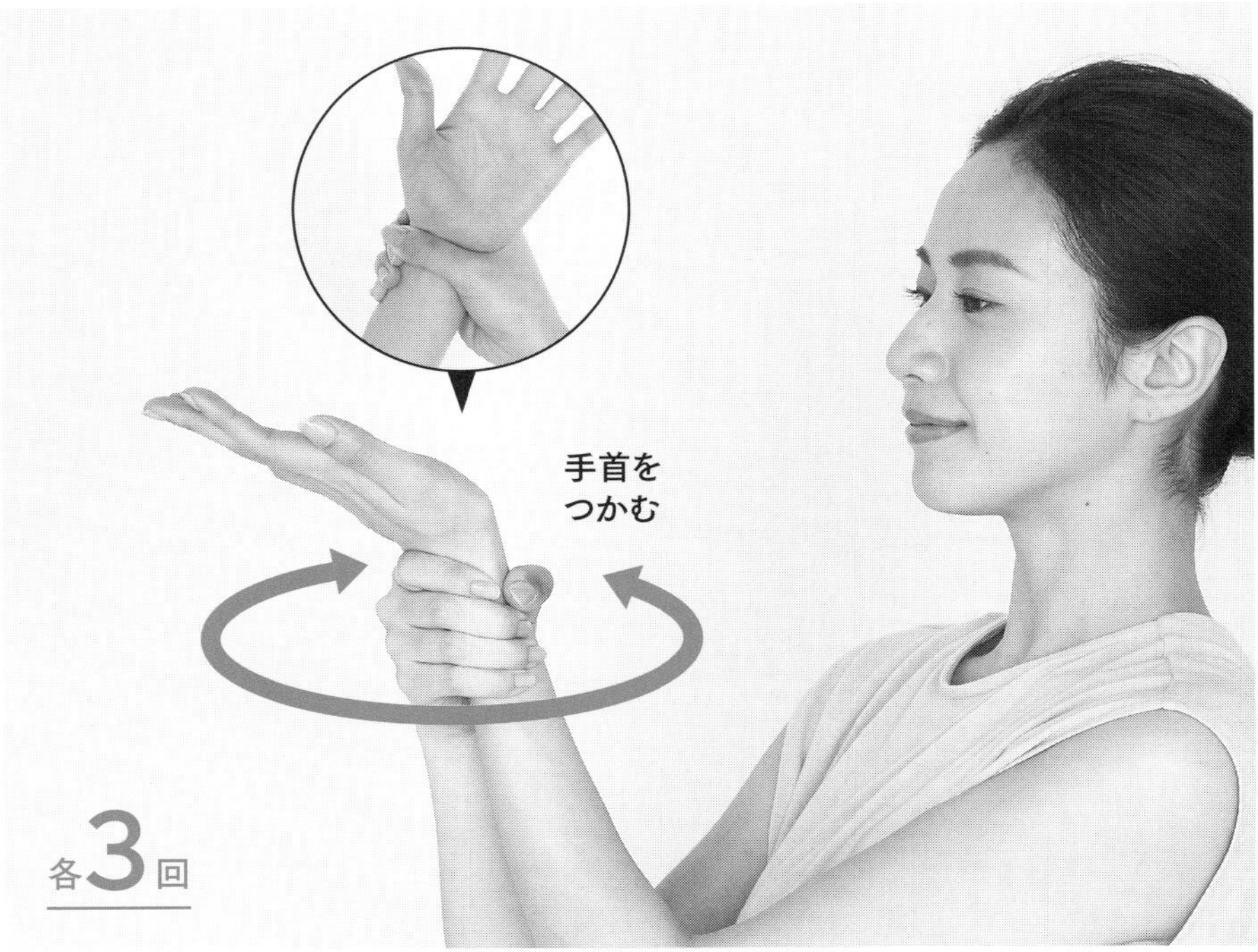

片手の手のひらのすぐ下の、手首の深い横じわがある部分を反対の手の親指とそれ以外の指でしっかりつかむ。手首を90度に倒し、左右3回ずつ回す。反対側も同様に。

手首8の字回し

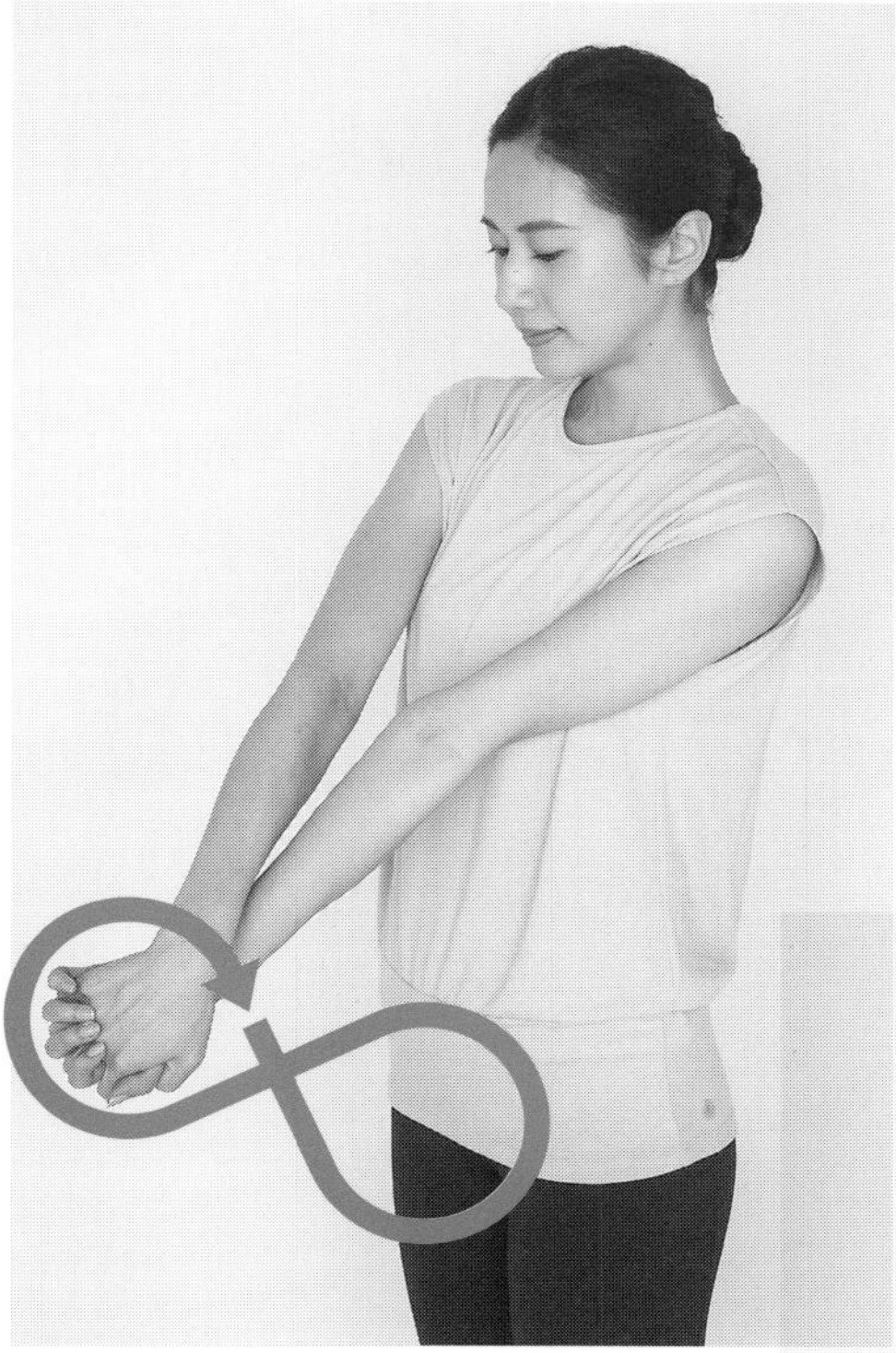

1

両腕を伸ばして左右の手のひらを合わせ、指を組み合わせる。手首で大きく８の字を３回描く。

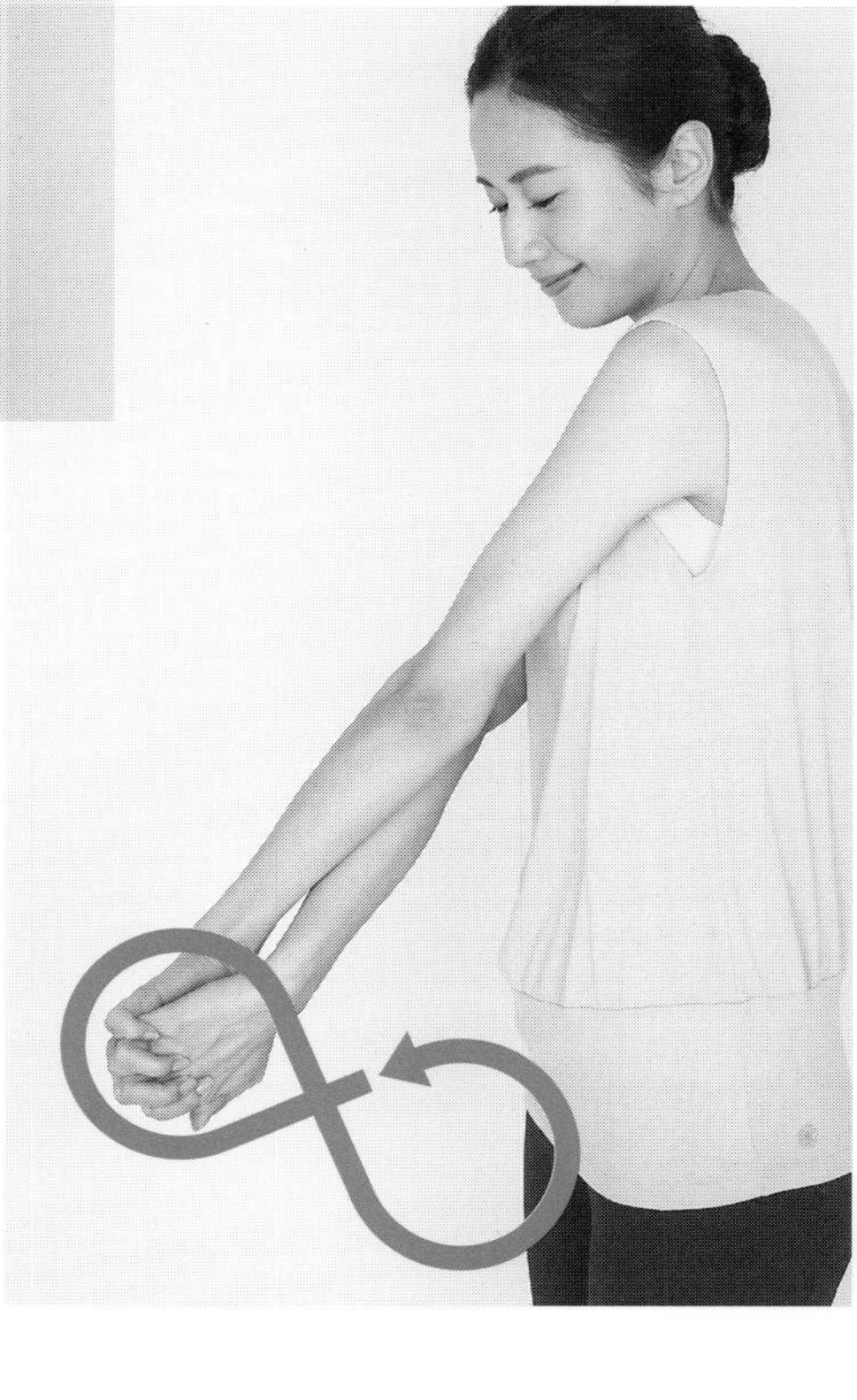

2

1と逆回しで同様に３回８の字を描く。手の組み方を左右入れ替えて、**1**～**2**を同様に行う。

各**3**回

腰痛・生理痛

HERE!

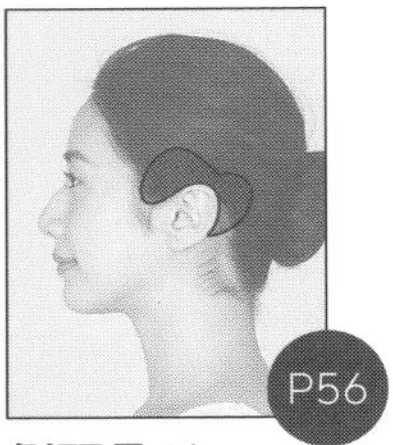

側頭骨が関係！

側頭骨は腎臓だけでなく、大腰筋、腸腰筋という腰まわりの筋肉の反射区となる骨。ゆがむと、腰痛が発生しやすくなります。
また、腰まわりの血行が悪くなることで、生理痛が起こることも。
プラスケアとして、腰痛にはお尻をさすり、
癒着した筋膜をリリース。生理痛には、血の滞りを改善し、
婦人科系の不調によく使われる「血海」のツボを刺激して。

∨∨∨

生理痛に

血海プッシュ

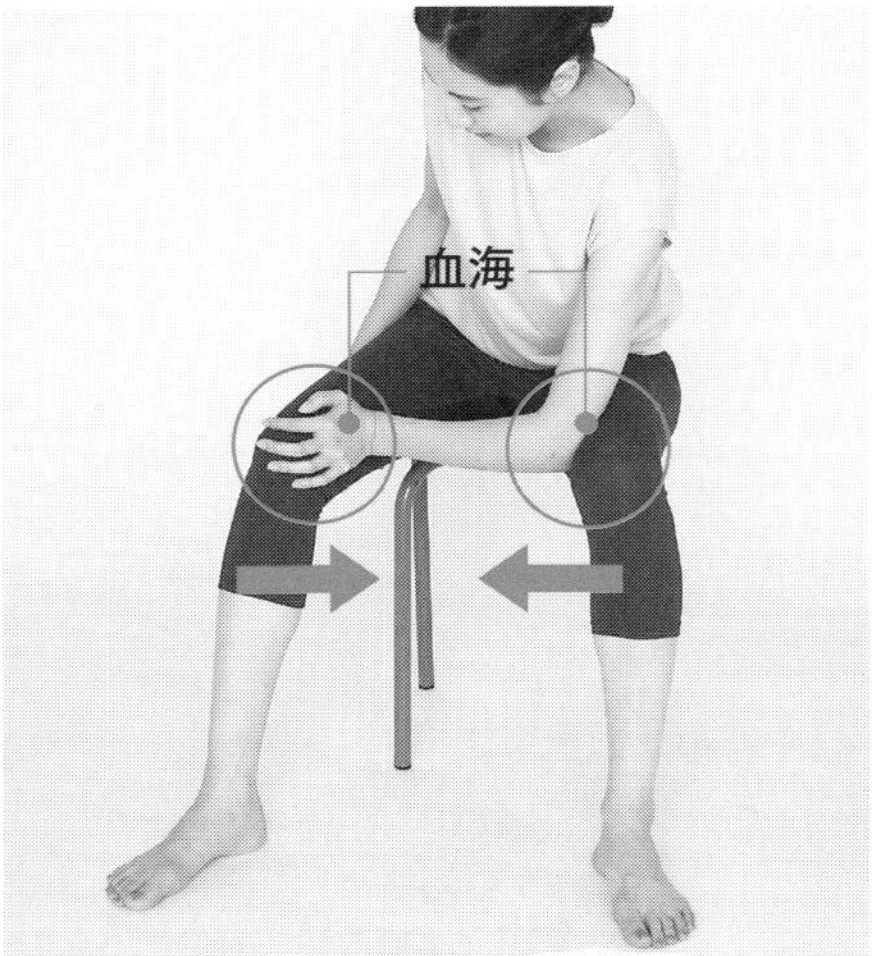

両足を開いてイスに座る。左右の内ももの、膝の指３本上にある血海のツボに、手のひらと肘をそれぞれ当てる。膝を閉じようとしながら10秒キープ。逆側も同様に。

各10秒

腰痛に

お尻の筋膜さすり

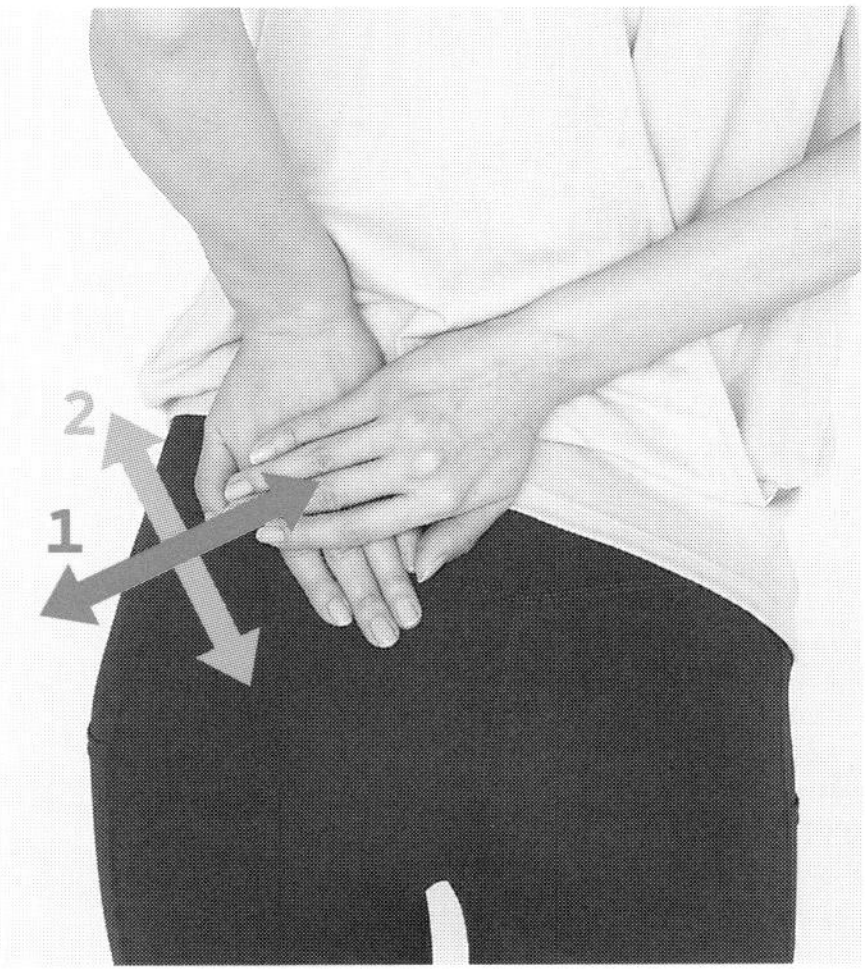

片尻の上部に手のひらを当て、もう一方の手を十字に重ねる。上の手だけを動かし、指先の方向に前後に10回さする。手を入れ替えて同様に行う。逆側のお尻も同様に。

各10回

不眠・ゆううつ感・更年期の不調・PMS・生理不順

HERE!

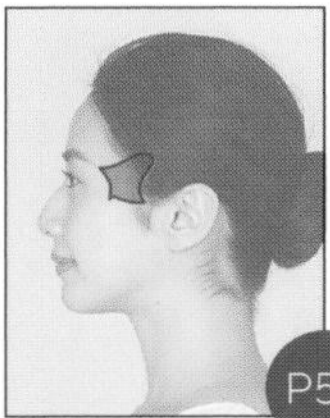

蝶形骨が
関係！

蝶形骨は、ホルモン分泌の司令塔である下垂体の反射区。
そのため、ゆがむとホルモンバランスが乱れやすく、
リラックスできずに不眠やゆううつ感、婦人科系の不調などを
引き起こします。こめかみを触ってみて、ペコペコと凹まない、
凹み自体を感じられないのはゆがみの危険信号。
下垂体を活性化させるプラスのケアを行いましょう。

親指の中心押し

手の親指の指紋の中心が下垂体の反射区。ここを刺激することで恒常性を取り戻す。反対の手指の関節や綿棒などを使い、強めに10秒間押す。反対側の手も同様に。指紋が見えない人は親指の腹の中心でOK。

各**10**秒

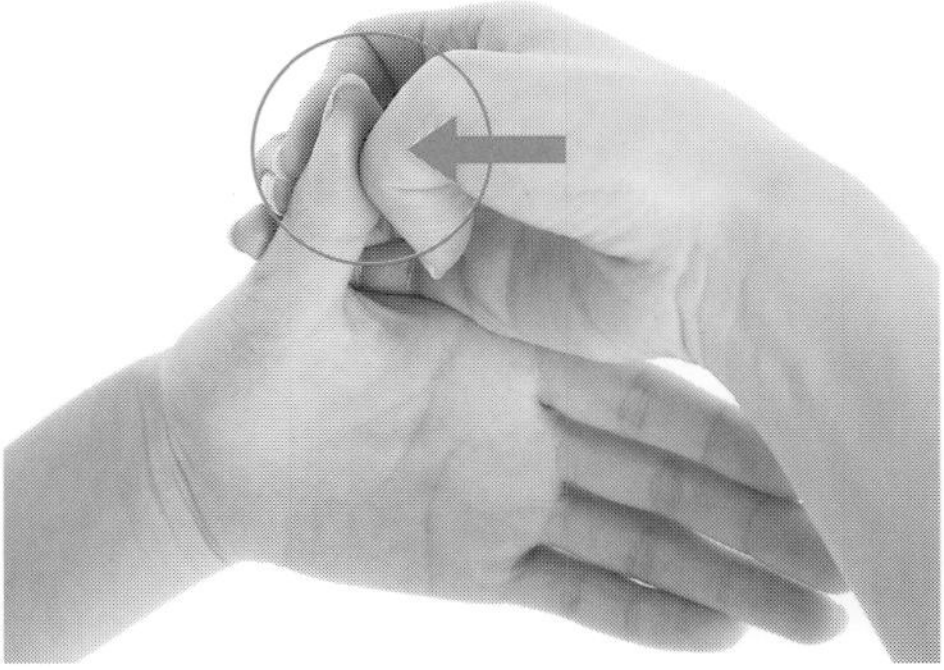

耳たぶもみ

耳たぶは脳の反射区。下垂体を含む脳をしっかり働かせるために、親指と人差し指で耳たぶをつまんで下に10秒間引っ張ったあと、10秒間優しくもみほぐす。

各**10**秒

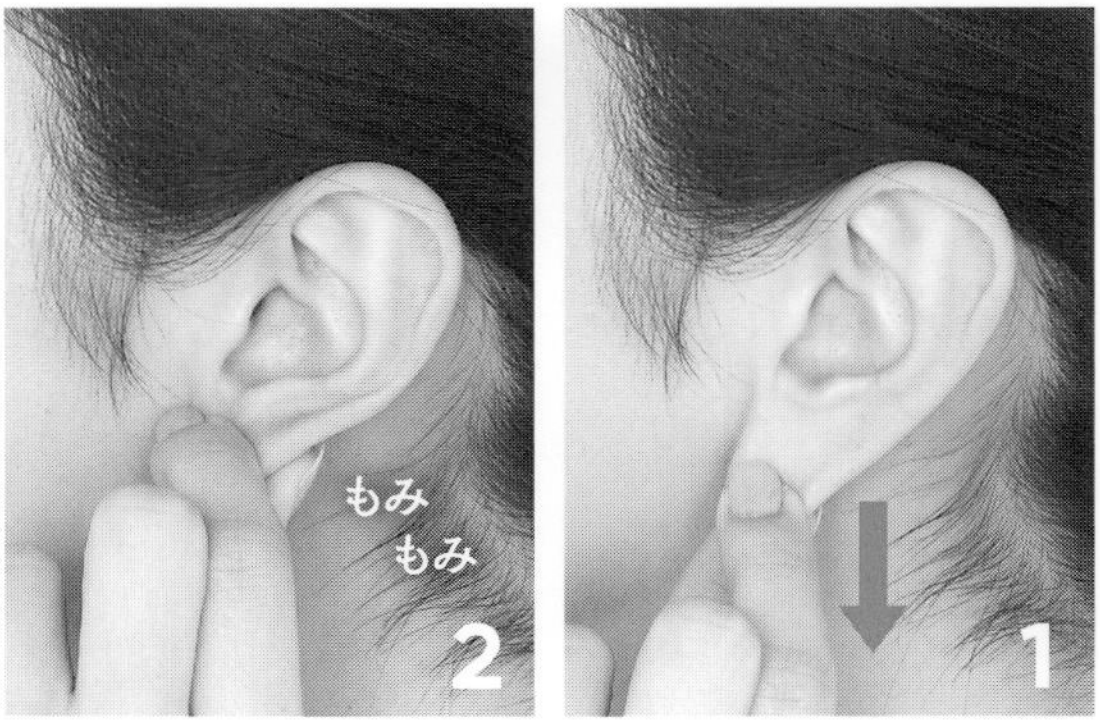

あごアーン（➡P74）は 肩コリ・股関節の不調 に効く！

あごアーンは、頸椎を調整するケアです。口を大きく開くことで、頭蓋骨全体および頸椎が整い、頸椎から脊髄を通じて、全身に筋肉をゆるめる信号が伝わります。中でも、特に楽になるのが股関節まわりと肩まわりです。股関節まわりが硬く脚の上げづらさを感じている人、肩コリがつらい人は、あごアーンに加えて股関節と肩まわりを直接ケアするケアを。

股関節の硬さに

そけい部の筋膜さすり

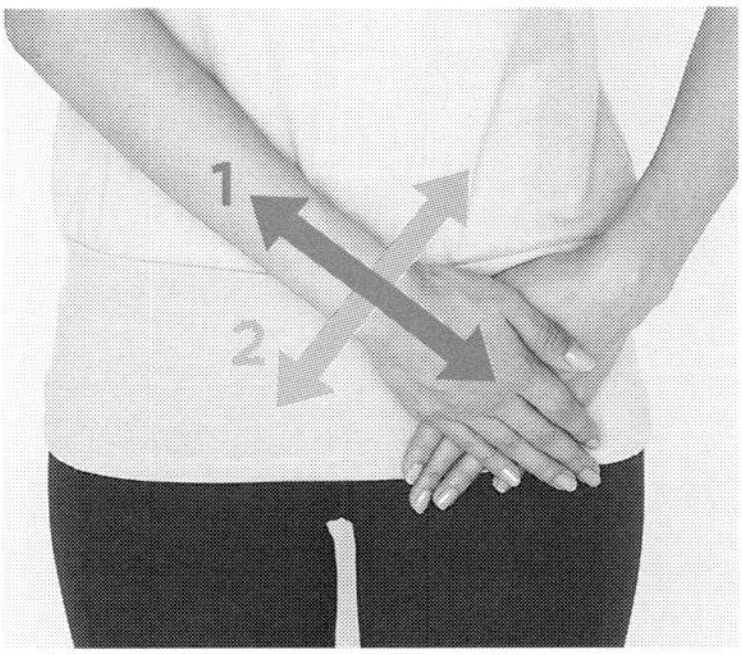

違和感がある側のそけい部に片手を当て、もう片方の手を交差するように重ねる。下の手はそけい部の凹みに沿わせる。上の手だけを動かし、指先の方向に向かって前後に10回さする。手を上下入れ替えて、同様に行う。

各10回

股関節の硬さに

ゆるツイスト

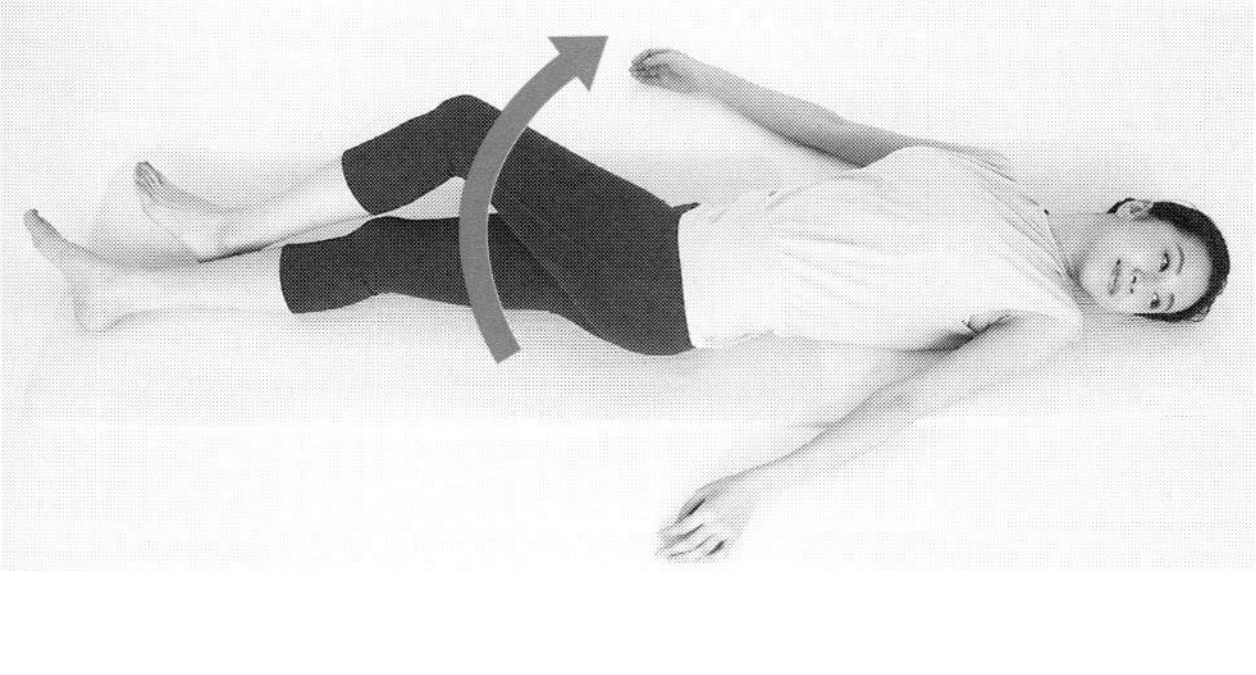

仰向けに寝て片膝を軽く曲げ、反対側の膝をまたいでクロス。膝の角度はゆるめのまま、肩が浮かないところまで内側にひねり、10秒間キープ。逆側も同様に。

各10秒

肩コリに

肋骨おさえ腕回し

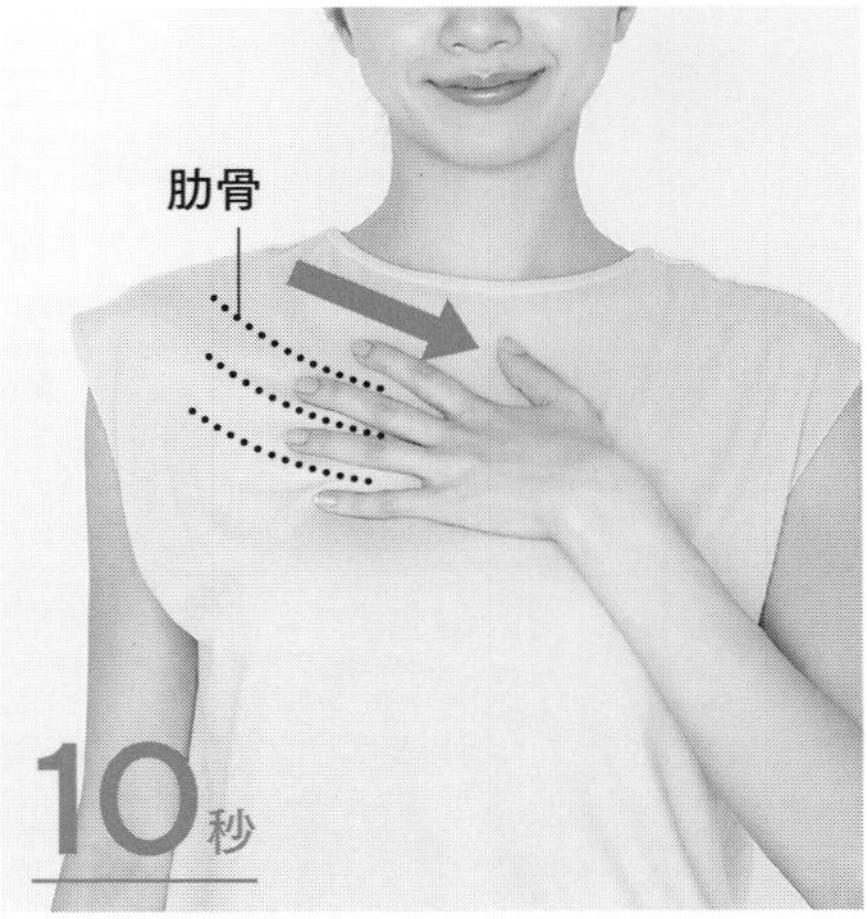

1

片側の鎖骨の下にある３本の肋骨と肋骨の間に、反対側の手の指をはめ込むように当て、胸の中心に向かって引き寄せ、10秒キープ。

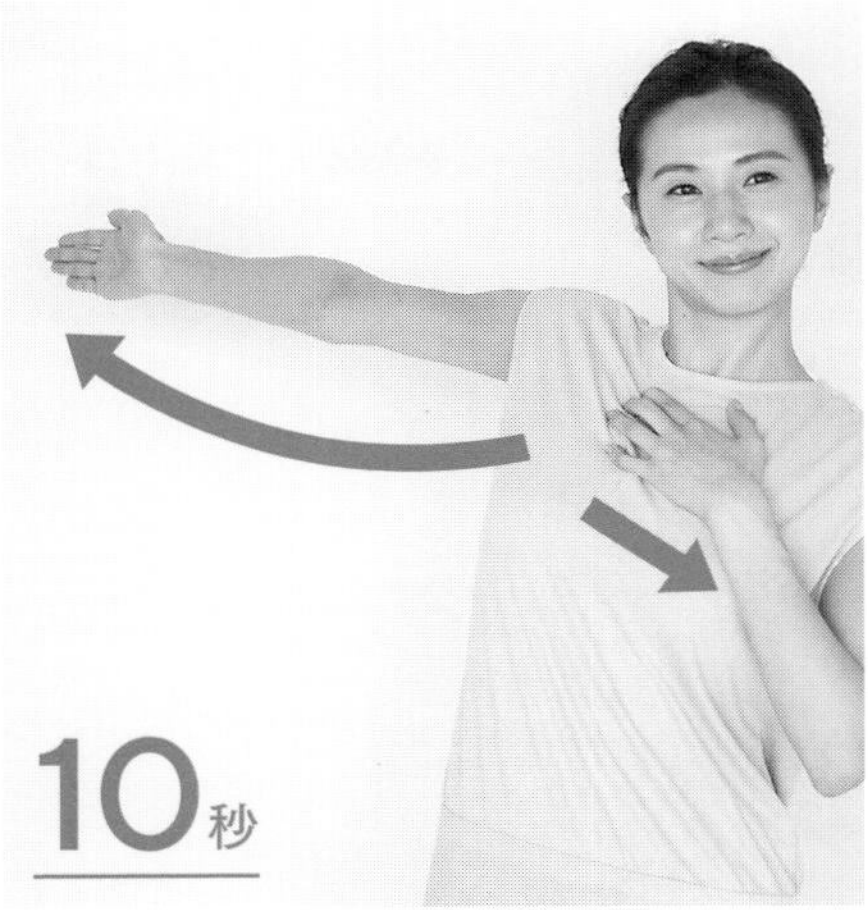

2

1で胸の中心に引き寄せた指はそのままで、反対側の腕を肩の高さで後方に伸ばす。肋骨を左右に引き合うように10秒キープし、腕を下ろす。

3

指を胸に当てたまま、反対側の腕を、手のひらを下に向け、真上に上げる。腕を上げるのと同時に、胸に当てた指も、肋骨の動きに合わせて斜め上に動かす。腕を下ろしたら、**1**〜**3**を逆側も同様に。

10秒

見ながらできる
ハウツー動画

家族や友だちどうしで

人にやってあげる ペアさすりで 心も体も調子がよくなる

誰かにやってもらうと、体も心もリラックスするため、ペアで行う頭さすりはとても有効です。肩コリ、腰痛、下肢のだるさなどの筋肉系の不調から、胃腸やホルモン関連の不調まで体全般の不調改善に効果が期待できます。また、認知、不眠、不安の改善に効果を発揮することも。高齢者や病気療養中の方の介護に、ぜひ取り入れてほしい手技です。

さする動きに、相手が深めの呼吸を合わせることが重要。やってあげるほうが、口頭で「吸って」「吐いて」と誘導するのもよいですが、疲れるので最初の数回だけ口頭で促したら、その後は相手の胸やお腹が上下するのを見ながらさすりましょう。意思疎通が難しい場合も、この方法がおすすめです。

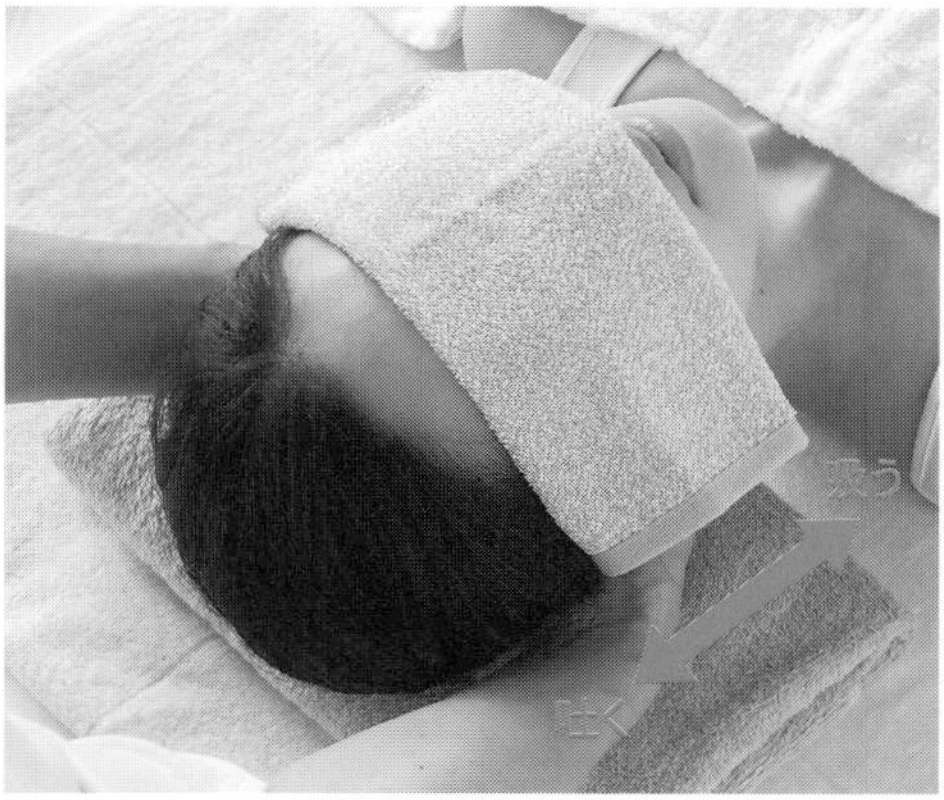

1 後頭骨さすり

行う人は、相手の頭側にポジションをとる。相手の目や顔全体にタオルを置くと、リラックスするのでよい。相手に、「少しがんばって大きめの呼吸（吸う・吐く各３秒程度）を20回ほどしていきましょう」と声をかける。頭の下に両手を入れ、後頭骨を手のひらにのせたら、相手が息を吸うときに両手を下方へ、吐くときに上方にずらすのを３呼吸（３往復）くり返す。最後の吐くタイミングで、手を頭の下からスッと抜く。

2 頭頂骨さすり

相手の頭頂の中心線を挟み、両わきにそっと指を当てる。相手が息を吸うときに、両手で髪の上（または頭皮のごく表面）に指をすべらせるように、耳までさする。相手が息を吐くときに、開いた頭頂を閉じるイメージで、手のひらを耳から頭頂に戻す。３呼吸（３往復）くり返す。

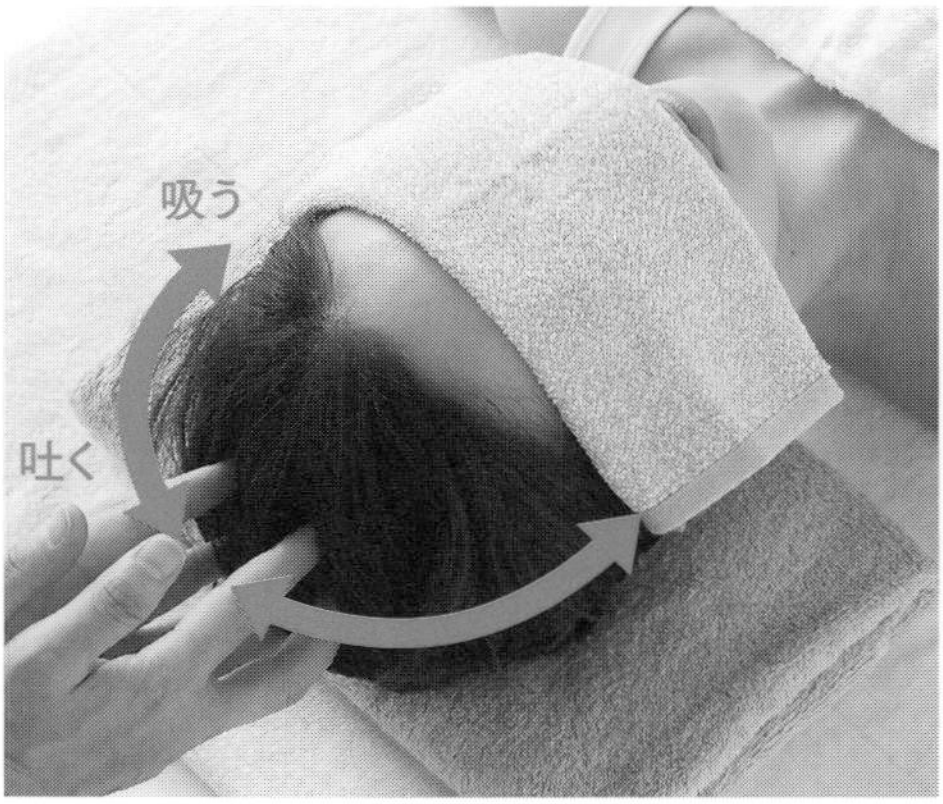

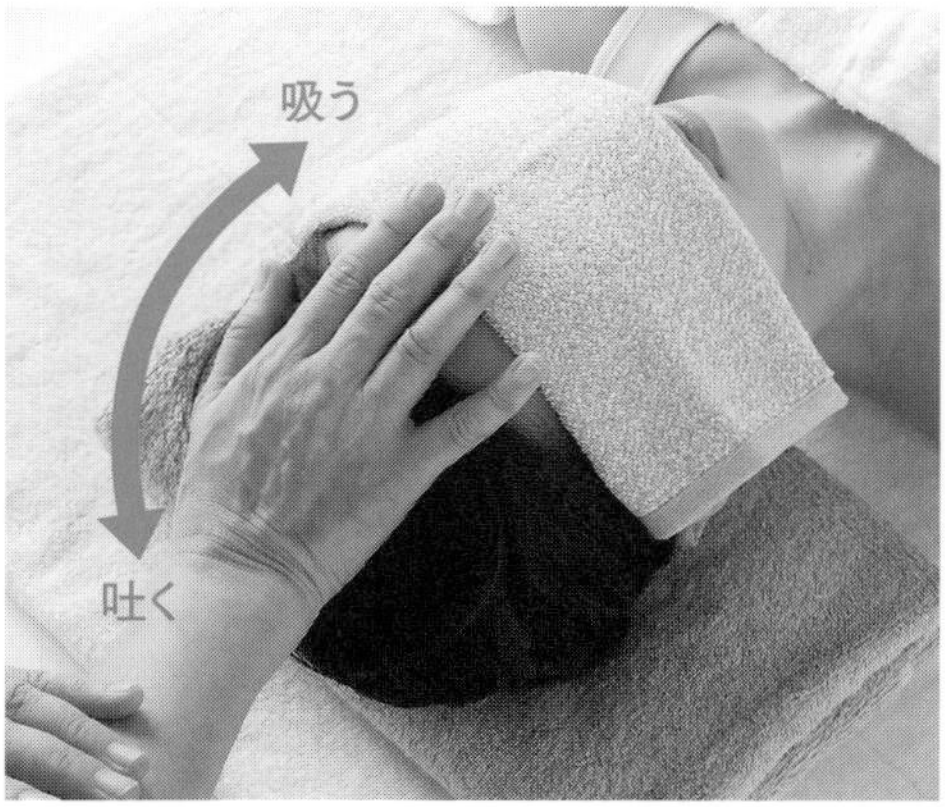

3 前頭骨さすり

相手のひたいの中央に、手のひらをのせる。相手が息を吸うときに、手のひらを鼻の上まですべらせる。相手が息を吐くときに、元の位置に戻る。ひたいに触れるか触れていないかくらいのタッチで行う。３呼吸（３往復）くり返す。両手を重ねて行ってもよい。

4 上顎骨さすり

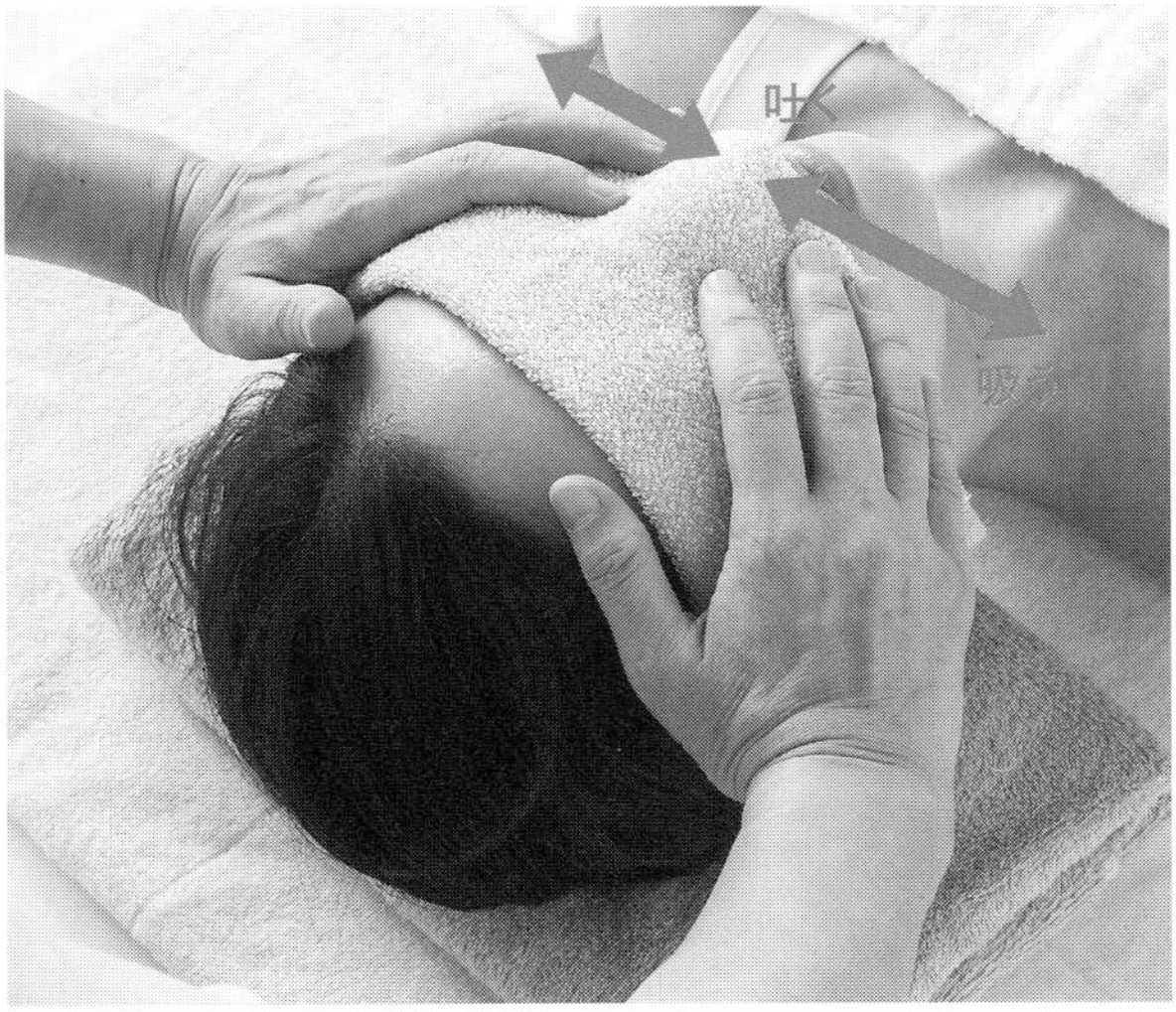

相手の鼻の左右の頬に、それぞれ人差し指・中指・薬指の３本をセットする。相手が息を吸うときに、頬の外側へ指をすべらせ、相手が息を吐くときに、元に戻す。刷毛でさする程度の圧で行うのがコツ。3呼吸（３往復）くり返す。

5 頬骨さすり

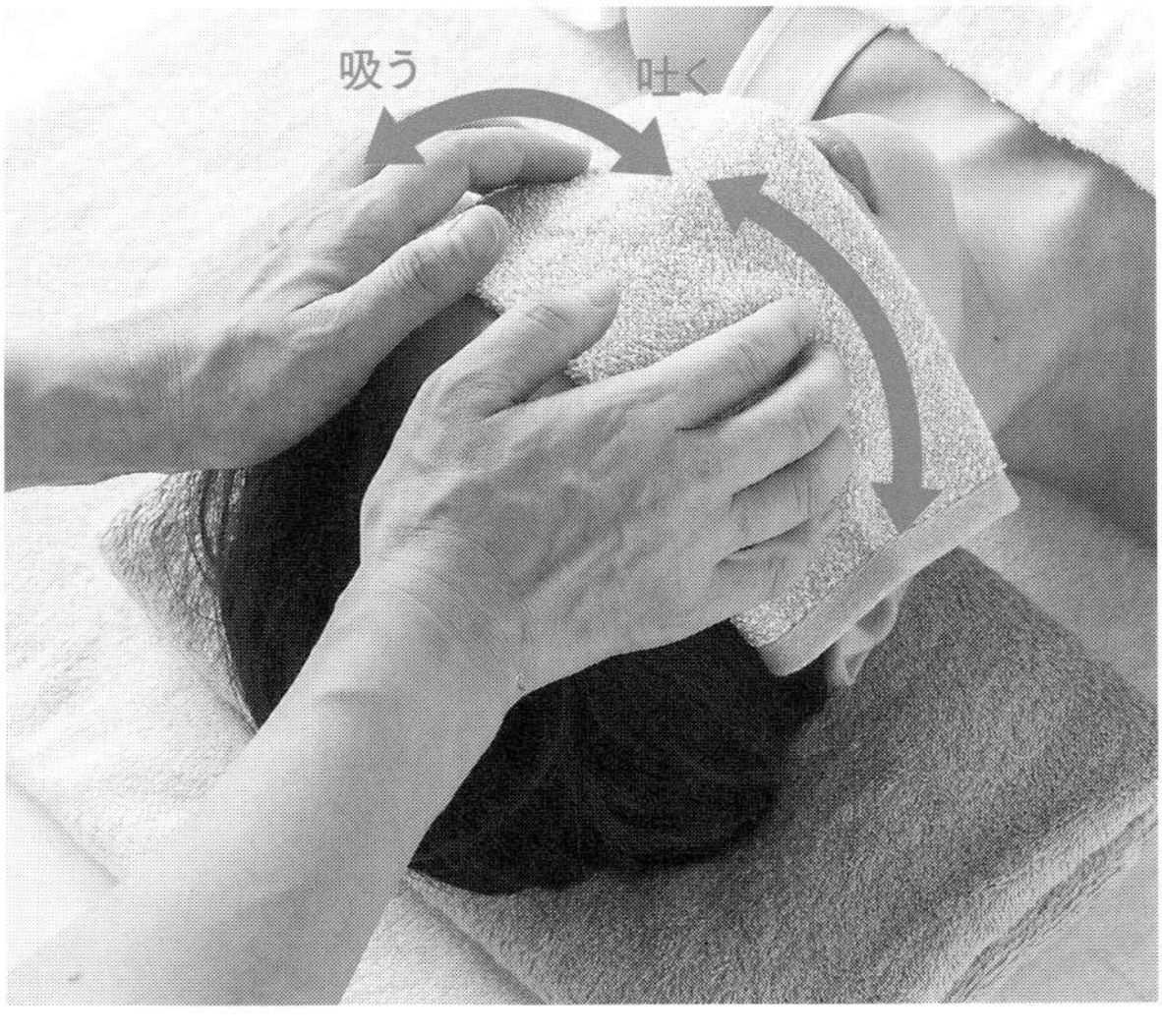

相手の目尻の下の少し出っ張っている骨に、手の指２～３本を置き、相手が息を吸ったときに、こめかみくらいまで指をすべらせる。刷毛でさする程度の圧で行って。相手が息を吐くときに、鼻のわきまでさする。3呼吸（3往復）くり返す。

6 側頭骨さすり

相手の両耳の下から裏側のあまり髪の毛の生えていないあたりに、耳を覆うように手指を添える。ダイヤルを回すイメージで、相手が息を吸ったときに耳の上側へ指を回転させるようにすべらせ、息を吐いたときに耳たぶのほうへ、同様に指をすべらせる。３呼吸（３往復）くり返す。

7 蝶形骨さすり

相手の目尻と眉尻の間の延長上にあるこめかみのくぼみに、中指をそっと当てる。相手が息を吸ったときに内側へ、息を吐いたときに外側へ、皮膚がよれないよう、１～２㎜程度ずつさする。３呼吸（３往復）くり返す。最後に、そっとこめかみを押さえて終了。

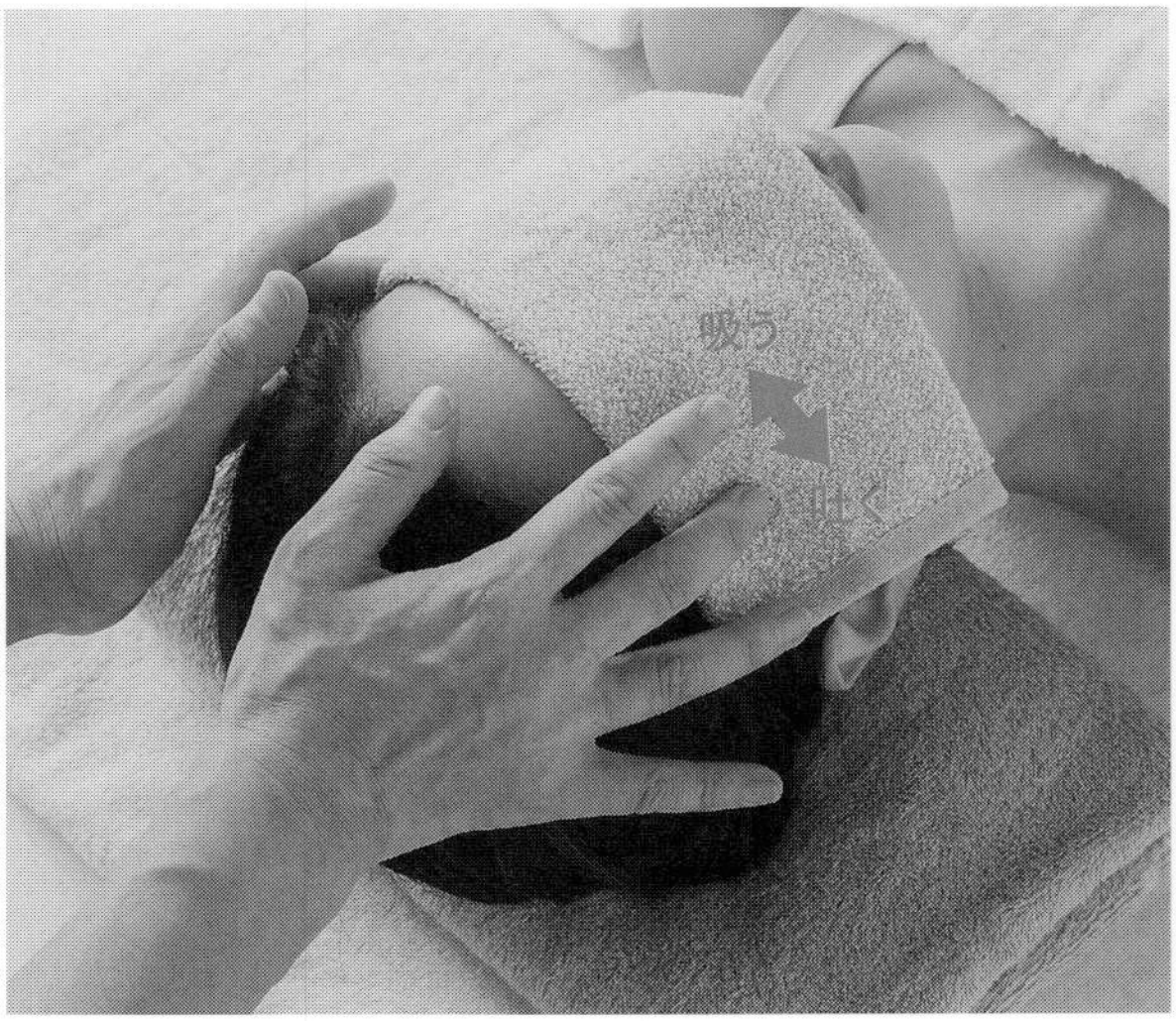

後頭骨がゆがむと自己否定しがち

後頭骨の反射区は胃腸～生殖器。不安や怒り、恥、自己憐憫、執着といった感情が蓄積しやすい臓器です。後頭骨がゆがみ、骨まわりが硬くなってしまうと上記の感情を吐き出せず、自己肯定感が低くなりがち。うつむいて下を向くことが一番、後頭骨まわりを硬くしてしまうので、まずは上を向き、ゆるめましょう！

Column

頭蓋骨のゆがみを整えてメンタルも元気に！

前頭骨がゆがむとキレやすい

前頭骨がゆがむと、反射区である肝臓の影響で、怒りの感情が強くなりがち。血の気が多くて何事も気に入らず、小さなことで怒りやすくなります。また、体のだるさから集中力が続かなくなっていることも。そんなときは特に大きな深呼吸を意識して、前頭骨さすりを回数を多く行ってみてください。

頭頂骨がゆがむと怖がりになる

頭頂骨の反射区は副腎です。過去の恐れやトラウマなどを抱え込んでいる臓器です。そのため、副腎の機能が弱まっていると、過去の記憶にとらわれて前に踏み出せず、怖がりになりがち。頭頂骨さすりを、しっかり行いましょう。骨まわりの硬さが解消することで、自然と安心感が生まれてくるでしょう。

頬骨がゆがむと嫉妬ばかり

頬骨の反射区は膵臓です。膵臓はジェラシーの臓器ともいわれ、口に出さず飲み込んだジェラシーのストレスが蓄積し、悪影響を与える場所。頬骨のゆがみが悪化すると、嫉妬の気持ちを飲み込むことができず、思わず口に出してトラブルを起こしがち。頭さすりと併せて膵臓がある左側の背中の下部(ウエストの後ろ)をさすると◎。甘いものも控えましょう。

上顎骨がゆがむとクヨクヨしどおし

肺の反射区にあたる上顎骨がゆがむと、悲しみの感情が強くなります。何をやるにも「どうせ私なんか……」と失望やあきらめの感情が先に立ちやすく、クヨクヨしてばかりいることに。笑顔が減り、呼吸が浅くなると上顎骨はゆがみが強くなるので、体を動かしたり気の置けない人とおしゃべりするなどして、笑顔になる機会を増やしましょう。

頭蓋骨は反射区となっており、

対応する臓器の状態が、メンタル面にも反映されます。

そのため、日々の生活の中でメンタルの不調を感じたら、

すぐに頭さすり！　気持ちの切り替えに有効です。

蝶形骨がゆがむといつもイライラ

蝶形骨はホルモンバランスを司る脳の下垂体をのせている骨。そのゆがみはホルモンバランスに影響を与え、抑圧された感情を抱えて、イライラしがちになります。また、蝶形骨は喜びの感情と関係が深い心臓の反射区でもあります。ゆがみを整えると喜ばしいことにも敏感に気づけるようになり、イライラが減ります。

側頭骨がゆがむと逃げ腰に

側頭骨がゆがむと反射区である腎臓や、腰まわりの筋肉に影響が出ます。すると、恐れの感情が強くなり、目の前のことから逃げたくなって、あきらめたり責任放棄したりしがちです。側頭骨さすりでゆがみを整えるとフットワークが軽くなり、つらい、大変と思い込んでいたことにすんなり向き合えるはず。

おわりに

本書を手に取っていただき、有難うございました。美容や健康の不調を感じたら、まず頭さすりを、今後の習慣としていただけたら嬉しく思います。そして次の段階として、誰かに施す、もしくは施してもらう側として、本書の１０４ページからご紹介しているペアでの頭さすりにチャレンジしていただきたいのです。特に、介護の場面で取り入れていただくことをおすすめします。疼痛や不眠、精神的な不穏を落ち着かせたいときなど、約３分間は長いようにも思うかもしれませんが、コミュニケーションの時間と思って寄り添っていただければ、容易いのではないでしょうか。

私自身の経験ではありますが、この本のお話を頂いた頃、闘病中の父が、エンドステージを迎えてしまいました。

コロナ禍もあり、在宅で看ていたのですが、その病床において頭さすりは、いくつもの症状の緩和に役立ってくれました。特に痛みや不眠には、一時的ではあるもののとても有益で、父からも「これが本になったら、大勢の方に喜ばれるね」という言葉もあったほどです。深呼吸を一緒にやるのは少し大変でしたが、呼吸のリハビリと称してがんばってもらいつつ、途中から眠りに入ってしまえば、胸やお腹の動きに併せて行う優しいタッチですので、嫌がることなく受け入れてくれて、何度も助けられました。

そしてこれらを行いながら、昔を振り返ったり、無口だった父の想いを改めて聞く機会となり、さすりケアを通じて思いがけないコミュニケーションがとれ、最後の大切な時間をいただいたように思います。

本書をお読みいただいている皆様も、大切な方の介護をされていたり、将来携わることもあるかと思います。その際に、双方に負担が少なく、疲れず、優しいタッチの頭さすりを役立てていただけたらと思います。

本書が皆様に永く寄り添い、心身ともに豊かで美しく、健康的な生活の助けになることが、私の願いです。

市野さおり

著／市野さおり

看護師、英国ITEC認定リフレクソロジストおよびアロマセラピスト。1968年生まれ。トータルヘルスケアサポート“コンフィアンサ”でボディケアを行うと共に、セミナーや講演活動を通じ、統合医療ナースや健康コンシェルジュの育成に力を注ぐ。メディアでの指導でも活躍し、『不調と美容のからだ地図』（日経BP）ほか、著書多数。

STAFF

撮影	小野さやか
ヘア＆メイク	鈴木京子
モデル	大伴理奈
アートディレクション	松浦周作（mashroom design）
カバー／本文デザイン	森 紗登美（mashroom design）
マンガ	熊野友紀子
骨CG作成	BACKBONEWORKS
校正	麦秋アートセンター
動画編集	ポンプワンマーケティング

顔が引き上がる！ 目が大きくなる！

若返る頭さすり

2023年3月14日　第1刷発行

著　　者	市野さおり
発 行 人	土屋　徹
編 集 人	滝口勝弘
編　　集	室川円香
発 行 所	株式会社Gakken 〒141-8416 東京都品川区西五反田2-11-8
印 刷 所	大日本印刷株式会社
D T P	株式会社グレン

この本に関する各種お問い合わせ先
- 本の内容については、下記サイトのお問い合わせフォームよりお願いします。
  https://www.corp-gakken.co.jp/contact/
- 在庫については　TEL：03-6431-1250（販売部）
- 不良品（落丁、乱丁）については　TEL：0570-000577
  学研業務センター
  〒354-0045　埼玉県入間郡三芳町上富279-1

上記以外のお問合せは
TEL：0570-056-710（学研グループ総合案内）